U0003082

教育的蛻變

卦爻符號（Code）在程式設計（Coding）上的運用

創易客——— 著

CODING

Code

Coding

i.CREATOR

關於「創易客」

　　我們不樂意漏掉「創易客」的任何重要關節，所以用數序一點接一點的重點呈現：

1. 「創易客」來自於「知行文化」有關電子及資訊等圖書內容的出版，早有《易經》、《老子》等內涵的運用，《個人電腦四部曲》第二冊進階篇更有《莊子》內篇 · 養生主的描繪。

2. 進一步的深入，淵源於西元 2000 年，溫世仁、盧尚平、施純協三人關於《易經》文化活用的共識，共同創立「創易文化」，成立「通契範文教創易股份有限公司」，有意將「創易文化」導入科技，使悠久的文化和科技的創新相互佐翼。

3. 三十年堅忍不拔的努力，終於使《易經》文化和「科丁(Coding)教育」融成一體，相互為用，將是使教育蛻變的重要元素之一。

4. 現在「創易客」是我們工作團隊的品牌名稱，它是由「創易」和「創客」組成，要和朋友分享我們多年來努力的「資源」，希望這些資源能成為有智慧的「寶典」。

5. 「創易客」第一個具體產品是「創易客八卦跳棋」，由其開始引導相關朋友「科技」和「文化」如何交融在一起，現在已有八個套裝課程。

6. 本書是第二個具體產品，是套裝課程中重要的一環。

7. 《創易客寶典—科丁四部曲》入門、進階、登堂、入室四冊書更將引發一系列的「創易客」。

8. 本書是真正跨領域的融合，一切從這裡開始。

9. 我們強調社會、科技和文化的串流。

10. 從本書開始，還有《創易客寶典—科丁四部曲》入門、進階、登堂、入室四冊書伴同出版，我們重視新關注、新見解、新角度所衍生的無窮盡寶藏。

必然的必然的必然，0和1，陰和陽是一碼子事

周談輝教授、陳茂璋、曾婧玲、賴麗君、林麗紅、詹秋霞

老友施純協教授投入《易經》文化和程式設計的跨領域結合幾十年，一向是「言有物，行有恆」。施教授帶領創易文化團隊把「Coding和創易文化」一條龍的呈現是「必然的必然的必然」。

身為創易文化團隊的總顧問，有必要將此事很驕傲的告訴他和我們所有的朋友。與其另寫一篇序文，不如和茂璋、婧玲、麗君、麗紅、秋霞一起濃縮書中所有的序言更為清晰。本書成書，又和Coding、創易文化成為一碼子事是「必然的必然的必然」，從「創易文化」而言，符碼（Code）是坤卦（▆▆），從Coding的過程而言是串流的再三實踐。

科丁聯盟創會會長劉文堂、林口社區資源中心陳德成執行長、南山高級中學王繼光董事長、台灣家庭生命教育交流推廣學會吳干理事長為施教授寫序，即使非必然的必然的必然，也是偶然中的必然和必然（▆▆）。

劉文堂會長序言提到：「這本書是科丁教練的重要參考書，施教授把古人《易經》和今人科丁兩碼子事變成一碼子事，可謂創意（易）無限。」

3

劉文堂會長樂意為老友寫序言是「必然的」，現在許多科丁教練和老友有志一同也是必然的。有「串流」，必然和偶然皆有其不同階段的價值。

陳德成執行長序言提到：「透過施教授的變通與通變的指導，我們希望可以化繁為簡，讓學習者都能感受到學的簡易，進而可以承傳與光大，讓大家可以因為這個寶典的問世而變易。」

陳德成執行長為本書寫序言，又是必然的必然的必然。

王繼光董事長序言提到：「施教授將『創意』提昇為『創易』，把《易經》觀念帶入『變易、簡易、不易』的智慧，使《易經》中的『變通、通變、會通』成為一般人很自然、又很智慧的一環。朋友們讀此書，必會有所『體驗、體會與體悟』。」

南山高中王繼光董事長不但為本書寫序，更讓「創易文化」和「科丁教育」的合體在南山中學實踐。

吳丰理事長序言提到：「教育真不是可以脫離生活發展，生命成長的自然蛻變的軌跡而翻轉。創易客將科技文化和科丁教育依易理自然融合，既對自我生命意義實現負責，又將推出入門、進階、登堂、入室四冊書組合《創易客寶典─科丁四部曲》，勢必造福人群開悟並落實易理，也將人性文化在未來科技世紀（人工智慧）發揚光大。」

老友和吳丰理事長一起將「創易文化」和生命教育合體，是在一場「企業經營卓越投資進修營」的情境裡。他們的共識是，任何知識領域，在學

習上，離不開生命本質，必須從家庭教育開始。吳理事長為本書寫序，即使不是必然的必然的必然，也是在偶然下的必然和必然（▆▆）。

　　人生是無數元素和事件的串流，如果把人生的際遇當成是「必然和偶然」的資料串流，「必然」是具體，可以預估，以陰爻（▆▆　▆▆）為 Code，「偶然」常有變數，抽象有想像空間，以陽爻（▆▆▆▆）為 Code，太極生兩儀，兩儀生四象，四象生八卦，又可擴增到六十四卦。

偶然的偶然（▆▆▆▆），太陽

偶然的必然（▆▆　▆▆），少陰

必然的偶然（▆▆▆▆），少陽

必然的必然（▆▆　▆▆），太陰

　　其中四象、八卦、六十四卦的串流表示，是按照人生的經歷由下往上。

　　這是《易經》智慧中的四象，可以有另類的運用。串流數若再增加，那就是八卦，可以用偶然和必然的基本元素串流組合而成：

乾　偶然的偶然的偶然（▆▆▆▆）

兌　偶然的偶然的必然（▆▆▆▆）

離　偶然的必然的偶然（▆▆▆▆）

震　偶然的必然的必然（▆▆▆▆）

巽　必然的偶然的偶然（▆▆▆▆）

坎　必然的偶然的必然（▆▆▆▆）

艮　必然的必然的偶然（▆▆▆▆）

坤　必然的必然的必然（▆▆▆▆）

本書由城邦集團出版，雖然並非真正的必然，在偶然和偶然中，有這樣的必然（ ☰☰ ），對整體社會的貢獻而言，是「必然的必然的必然」（ ☷☷ ）。

本書是「創易客」著作的一本很重要的關鍵著作，配合團隊的理念及其他的書籍和教具，推動 Coding 教育和創易文化的合流。希望序文能帶出最為關鍵的精髓。

科丁聯盟另類的「科丁教練的教練」

科丁聯盟創會會長／劉文堂

遇到施教授是 2016 年 7 月的事。那時我們正積極籌組「科丁聯盟」，並且規畫開辦第一期「科丁教練班」，發起人之一的李明倫專程從臺中到臺北，帶我到施教授家見面。

我們從電腦界共同認識的老前輩開始聊起，到《易經》，最後再到科丁（Coding）教育的急迫性。施教授學識經驗和學習精神，讓我馬上邀請他到第一期的教練班講幾堂課。

八月第一期開班，施教授不但來講課，而且其他老師的課他也幾乎每堂都來旁聽，過不久他馬上主動請纓擔任第二期的課程設計和主講老師，積極投入科丁教練培訓的工作。

後來我們開的每一期都可以看到施教授的身影，我們叫他「教練的教練」。雖然施教授一開始並不熟悉 Scratch 和 Arduino，第二期教練開始就著手寫教材，到第三期時這本書已完成初稿，不得不佩服他的功力和投入的毅力。

這本書是科丁教練的重要參考書，施教授把古人《易經》和今人科丁兩碼子事變成一碼子事，可謂創意（易）無限。

《創易客寶典》的先遣部隊

林口社區資源中心執行長╱陳德成

　　樂衷於中華文化「儒、道、佛」經典的我，喜歡結交奇人異士，尤其耳聞到哪裡有智者出現，總是希望能夠見上一面。

　　施教授是我人生夥伴吳宗霖推薦值得認識的智者，他除了是臺灣機器人前身「電腦鼠」競賽的創始人，更在教育界服務超過 50 年。第一次見面就感受到他的才高八斗，既是科技人，也是教育人，同時是學界又是業界的翹楚。

　　我們都知道所謂智者，就是言行相顧、說到做到，想的與做的幾乎零距離，當幾次的見面交流之後，我看到比年輕人更活力與高效的行動力，《創易客寶典—科丁四部曲》是集畢生精華的另一鉅作。

　　為了讓更多人可以受惠，我們成立了「林口社區資源中心」，透過施教授直接又完整的教育訓練，讓所有參與培訓的教練，都可以學有所成而學以致用。既然是寶典，當然得來不易，透過施教授「變通」與「通變」的指導，我們希望可以化繁為簡，讓學習者都能感受到學習的簡易，進而可以承傳與光大，讓大家可以因為這個寶典的問世而變易。

真知力行，手腦並用

南山高級中學董事長／王繼光

2016 年 12 月下旬，我參加印度之旅，有幸與施教授純協先生同遊。除飽覽印度古建築之美外，更令我感受深刻的是，施教授淵博的學養與崇高的理念，這也是我此行最大的收穫。

從印度新德里到瓦拉那西的飛機航班上，我正巧與施教授鄰座，他出示本書的原稿，與我侃侃而談。我不斷的提問，得到的都是智慧語言的開悟，受益良多。近兩小時的航程，飛機上的旅客多已入睡，我們倆卻精神奕奕，興奮不已的談論不休。

施教授將「創意」提升為「創易」，把《易經》的觀念帶入「變易、簡易、不易」的智慧，使《易經》中的「變通、通變、會通」，成為一般人很自然又很智慧的一環。朋友們讀此書，必會有所體驗、體會與體悟。

前些年，教育界出現了「翻轉教室」、「翻轉教學」、「翻轉教育」等名詞，我總覺得有些不妥，有些怪怪的。施教授詮釋得真好：「教育不是翻轉，是生活中自然的成長蛻變！」

「人生的際遇，不只是因果，也非完全的緣分而已，是『因、緣、份、果』四個字的絕妙組合。年老一起實現理想，貢獻下一代，我很珍惜！」這是施教授前兩天送我的幾句話。他對教育的愛、對教育的熱忱與執著，令人敬佩！令人感動！南山中學將為施教授實現理念而努力，並為施教授的理念轉而發揚光大而努力！

順天應人，與時俱進

台灣家庭生命教育交流推廣學會理事長／吳千

　　因個人公益工作範疇需要，向施教授請益《易經》「家人卦」、「同人卦」時，得知施教授正努力推動將「創易文化」與「科丁教學」融為一體的艱鉅工程。認真拜讀本書後歸結以下心得與感受：

一、對於僅有四十年執教經驗的個人乍感醍醐灌頂、振聾發聵。驚嘆於鉅作雖言簡意賅，但其中知識浩瀚如海，其中智慧登峰造極外，更令個人感動的是耄耄長者對於全人終生教育的執著付出，又對千萬後學的無私指引。尤其是在科技前瞻應用與串流融合文化經典傳承落實在生活目的與生命價值層次上，真正提點人師能因材施教與人子能適性發展的雙向教與學的互動上。所以本書堪稱至人、至情、至文乃是必然的必然的必然。

二、教育不是翻轉驟變，而是依人類文明發展需要的合理蛻變，其順序是量變，蛻變到質變的演化；蛻變其宗旨是由變通、通變到會通的循環精進；教育功效落實必須是教方與學方的知識、技能與素養全方位動能、位能，細膩又自然，無所不在，無所不包的互動串流；也才能滿足埃里克森所稱生命階段任務的優化達成，亦即在不同時空，選擇不同教學，不斷調適，不斷精進的歷程來循序蛻變（按後天八卦）：震（動機）→巽（適性）→離（知新）→坤（行動）→兌（共學）→乾（點悟）→坎（反思）→艮（精進）。

三、每個人天賦差異，承天自我實現天命也大不同，但整體上仍遵循求知欲、好奇心及與人共學的天性通則成長發展，同時累積文明、造就文化。因科學科技發展空前飆速，面對未來世代，必須從易理角度思考運用科丁的個性化，學習如何學習的方式與工具來激發天賦，創心、創新、創機，並奉獻所學、服務人群。由量變、蛻變、到質變的循環，將「創易文化」和「科丁教育」融合，正符合易理返璞歸真（不二），萬流歸宗（一貫）道理，以不變因應萬變，以會通歸納變通。

四、創易客參透文化及教育中串流蛻變的易理，運用科丁教育之工具、方法、技能、態度於教育、文化、語言、邏輯、科學、科技各領域，並實踐於生活解題及生命創機中。既濟未濟，周而復始，生生不息，自然和諧。

　　教育真不是可以脫離生活發展、生命成長的自然蛻變的軌跡而翻轉。創易客將科技文化和科丁教育依易理自然融合，既對自我生命意義實現負責，又將推出入門、進階、登堂、入室四冊書組合《創易客寶典—科丁四部曲》，勢必造福人群開悟並落實易理，也將人性文化在未來科技世紀（人工智慧）發揚光大。殷殷引領期盼鉅作出版發行，並祝福順利成功。

【推薦序】
因、緣、份、果

創易客╱陳茂璋

「人生有因、有緣、有份、有果」，因為我念高雄高工時，老師林燦螢、朱汝端（也是後來的師母）、仇海雄，都是施老師在臺灣師大工教系的學生，上課中，總會聽到他們對施老師的讚賞，印象深刻。

人生有緣，1980年，我考上師大工教系，老師剛好留學美國回國續職，擔任我們班上的導師，也上我們電子相關的課程。除了上課外，課餘指導我們「程式設計」，何宏發、壽大衛教授、柯秉鈞和我四年更受特別的指導，參加教育部舉辦的「軟體競賽」，榮獲大獎，讓我們一輩子在此領域上繼續進修。我的運氣更好，又和郭盈顯一起跟在老師身旁幫忙整理稿件，老師著作等身，我們總是第一位讀者。

2016年8月，正式從教職退休，有更多的時間幫忙老師，當我看到老師PO出「鄭重告知讚友」一文時，覺得有必要聯合曾婧玲、賴麗君、詹秋霞、林麗紅、蔡慶孟等幾位老師的學生，將老師在FB網站的PO文融入本書中，並且幫忙校稿，讓讀者更能理解老師的系統概念和其案例的合體。

【推薦序】

必然的必然的必然（三三）

通契範文教創易股份有限公司總經理／施純協 博士

為什麼「創易文化＋科丁教育」？

「創易文化」使家長和老師得以有深入的共識，

「科丁教育」使學生自己樂意學習困難的新東西。

動機決定我們要做什麼，但是，管道很重要。

想要有保障，與其買大水桶，不如挖一口井。

本書將「科丁教育」和「創易文化」融合在一起，對我而言，是必然的必然的必然，「必然的必然的必然」引用自《易經》八卦的說法。

一、必然的必然的必然，一輩子老師，「必然」重視教學的內容和方法。

二、在電子及資訊上投入幾十年的時間與心力，「必然」對於相關的教學有一點心得。

三、晚年深入學習《易經》，「必然」樂意將《易經》的智慧扣接在不同的「知慧」領域上，提升下一代經濟有效的效果。「知慧」是知識和智慧的統稱。

本書是共同的創作，不是施純協個人而已，是「創易客」，要適應21世紀科技的變化，團隊學習也是必然的必然的必然，本書即是群體合作的結晶。

往事不提，十幾年來，我個人把所有的心力放在「創易文化」的推動上，重點是高科技生活下的教育工作。用現在的話來說，是「創易客」，

有「創易」，有「創客」。在過程中，有一群朋友和我不斷的共同學習，我們一起受到古代文化和現代科技的洗禮，共同創作這本書。

2016 年 8 月，意外的多了很多封號，很多不一樣的顧問頭銜，其中一個是劉文堂會長給的「科丁教練的教練」，我喜歡。是突然？是必然？還是偶然？是必然和偶然的串流。從個人的角度，我喜歡被叫做「科丁教練或老師的老師」。

劉文堂會長樂意為我寫序言是「必然的」，現在許多科丁教練和我有志一同，也是必然的。有「串流」，必然和偶然皆有其不同階段的價值。

濫竽充數「程式設計的教學」多年，除了學生外，三個兒子對於程式設計也都不陌生，是必然的。現在以「Coding」的名稱，從自己的家裡開始，熱愛教育，能夠延續一甲子，將程式設計和科丁合流也是必然的。

人生是無數元素和事件的串流，如果把人生的際遇當成是「必然和偶然」的資料串流。「必然」是具體，可以預估，以陰爻（▅▅ ▅▅）為 Code；「偶然」常有變數，抽象有想像空間，以陽爻（▅▅▅▅）為 Code，太極生兩儀，兩儀生四象，四象生八卦，又可擴增到六十四卦。最簡單的串流便成為四象的組合：

偶然的偶然（▅▅▅▅ ▅▅▅▅），太陽
偶然的必然（▅▅▅▅ ▅▅ ▅▅），少陰
必然的偶然（▅▅ ▅▅ ▅▅▅▅），少陽
必然的必然（▅▅ ▅▅ ▅▅ ▅▅），太陰

其中四象、八卦、六十四卦的串流表示，是按照人生的經歷，由下往上。這是《易經》智慧中的四象，可以有另類的運用。串流數若再增加，那就是八卦，可以用偶然和必然的基本元素串流組合而成：

乾　偶然的偶然的偶然（☰）

兌　偶然的偶然的必然（☱）

離　偶然的必然的偶然（☲）

震　偶然的必然的必然（☳）

巽　必然的偶然的偶然（☴）

坎　必然的偶然的必然（☵）

艮　必然的必然的偶然（☶）

坤　必然的必然的必然（☷）

　　本書的寫作是坤卦必然的結果，是可以預期的。在我們的人生中將是「厚德載物」的一項值得驕傲的工作。

　　我喜歡，林口社區資源中心已有包括 3D 印表機在內的硬體設備，又有真正的「創易客」空間。我更喜歡，陳執行長給我的「總顧問」封號，陳德成執行長為本書寫序言，我們又可以和一群年輕的教練相互講習，又是必然的必然的必然。

　　從「創易客」的角度來看，我有機會真正執行八卦的另類運用，不但提醒我們要「變通」，更指導我們要「通變」，而在學習過程中，又有很多「會通」的鍛鍊，尤其是若有機會加入六十四卦的智慧。一步一步的深入，我們對於社會終究會有貢獻、當然是必然的「厚德載物」。

　　南山高中王繼光董事長不但為本書寫序，更讓「創易文化」和「科丁教育」的合體在南山中學實踐。

　　《易經》中的「變通」、「通變」和「會通」在這循環的精進過程中，成為一般人生活中很自然、很有智慧的一環也是必然的。

　　和吳千理事長一起將「創易文化」和生命教育合體，是在一場「企業經營卓越投資」進修營的情境裡。我們的共識是，任何知識領域，在學習

上，離不開生命本質，必須從家庭教育開始。和吳理事長相識、相知、進而斗膽請他為本書寫序，而他能欣然同意，即使不是必然的必然的必然，也是在偶然下的必然和必然。

「科丁教練或老師」要「厚德載物」的貢獻心力，當然必須具備邏輯能力，必須懂得「變通」、「通變」和「會通」。這個工作，我們持續多年，早就讓它在「創易文化」中，成為「玩中學」的要素之一。但是有必要再讓一般人學習時，能循序漸進！讓它很有系統的行之於文字，更有其必要，所以在數位化的現代社會中，雖然可以在網站流通，但我們還是讓本書以系統的方式，用紙本印刷呈現。從串流的思考過程之鍛鍊而言，紙本的連續串流思考，還是很有存在的價值。

凡事總是隨著時間和空間的不斷體驗而學習，藉由體驗、體會和體悟而精進。隨著串流數的增加，八卦和六十四卦的智慧都可以和「程式設計」或者「科丁」連成一氣，更可與其他的知識領域相串流。我強調「沾連黏隨」，有人稱為「沾、連、貼、隨」，反正任何知慧的串流是那麼的自然，和太極拳也可連成一氣。

「科丁」和「創易文化」並非兩碼子事，是可以跨越更多的領域。為了科丁教練和老師的培訓，我們怎能不深思？怎能不多花費一些心力？

我們把現代 Coding 教學精髓的「創意」改成「創易」和「創客」合流，取名「創易客」。更具體的說，作者是「創易客」，是一歷史的共業，由來已久。從「知行文化」、「通契範文教創易股份有限公司」、「創易大學堂」不斷累積的資源重新組合而來。「創易客」從這個角度出發，從本書開始提供「科丁教育」的推動。

科技不能自絕於文化和歷史的共業中。三十幾年前是 8 位元的個人電腦時代，現在每個人都能很快的在高科技氛圍中生活。但是，是否快樂？因此，「創易客」又有《創易客寶典─科丁四部曲》的著作，從入門、進

階到登堂、入室，把我們的理念說清楚、講明白。請大家期待！

　　幾十年來，我們生活在變動不已的高科技氛圍中，是否已經建立起充實、滿足與安定的自我？至少，「創易客」對於高科技的教學，有一份揮之不去的情感。

　　高科技產品不斷升級，人生哲學也要跟著升級，否則高科技知識與技術汰舊率很高。在高科技的教學中，「創易客」多了一份野人獻曝的使命感，將哲學層面的智慧，透過「創易文化」融入其中，用這樣的架構分析教學，讓學習者多了一份有結構的精神滋潤。

　　Coding 的積木理念，來自人類生涯規畫的濃縮。幸福快樂的人生，可藉由 Coding 的模擬而有虛擬實境的感覺。「Scratch」是最容易入手的虛擬實境之模擬工具，可以從小開始體驗，所以本書提前以「Scratch」當主體環境申論。

　　不單是科技領域，企業、教育、養生、文化……等都可在書中扮演重要的角色。

目次

第一章　新時代，新動力
——從創新的動機開始

第二章　「教育的蛻變」從哪裡開始？
——從每個人最擅長的領域開始

第三章 ┃ **不能完全依賴經驗**
──必須有創新的想法和對於知識和智慧的理解

第四章 ┃ **新時代的創新活動**
──讓孩子開始行動，累積有價值的成果

第八章　更上一層樓
——任何事物的精緻，總是終而復始，不斷的反省、檢討和精進

章節大綱必須有邏輯結構

　　本書是「創易文化」+「科丁教育」的詮釋，重點在「教育的蛻變」。章節來自「內容」的深入淺出，更吻合「後天八卦」的循環精進：

第一章：新時代，新動力
（從創新的動機開始）

　　21 世紀已屬於我們孩子的電腦世代。不單是電腦、手機，還包括他們對於新世代程式設計（科丁教育）的渴望。他們對於 Coding 將有很深刻的意義。

　　我們從《易經》後天八卦的循環精進，指導他們如何發揮這種有力的動機。身為父母的家長、教育他們成長的老師、負責下一代正確教育方向的教育主管，甚至於關心學生未來發展的教育達人，更有必要相互切磋。

第二章：「教育的蛻變」從哪裡開始？
（從每個人最擅長的領域開始）

　　21 世紀是數位科技的時代，是 0 和 1 元素的綜合組合，是二進位生活方式的延伸，可以讓每個人發揮天馬行空的想像力，是可塑性很高的科技，更是融合在生活中的文化運用。我們將 Coding 教育和創易文化融合在一起，讓孩子知道如何從自己最專長的領域，將電腦、手機的運用完全操控在自己的手上。

　　身為父母、老師、教育主管及關心教育的大人們，你們是否也該參入一腳，和孩子一起成長？

第三章：不能完全依賴經驗

（必須有創新的想法和對於知識和智慧的理解）

現在該是所有大人佇足思考的時候了，我們必須開始尋找其他的方式，來討論「如何教？」、「如何學？」的關鍵問題。有經驗的大人固然憑著經驗，可以很快的做出決定，也因此，常常將自己困住，我們應該開始認真思考，我們的下一代學習什麼東西最好？對於他們這一生最有用的「學習方法」如何開始？

第四章：新時代的創新活動

（讓孩子開始行動，累積有價值的成果）

新時代的特點，就是變化快速，孩子的成長必須依賴活動中成果的累積。不要以為人類有完美無缺的活動，最重要的是要懂得反省和檢討。因為懂得反省，就會自己改善自己的行為和成果；因為懂得檢討，就懂得和別人一起精進。總之，每個人最後的成就是依賴不斷累積而成長的。

第五章：親朋好友、有志一同

（懂得反省和檢討者，最喜歡和別人一起學習）

學習是雙向的，孩子向父母學習，父母也應該向孩子學習。學生向老師學習，老師也應該向學生學習。頻率最高的學習，是朋友的相互學習。在「Coding 教育＋創易文化」的學習中，我總是運用「太極拳法」的四個字，「沾、連、黏、隨」：

1. 沾：不排斥任何有價值的領域，有機會沾一沾，嘗一嘗。
2. 連：沾到、嘗到的知識，想辦法和自己已有的領域連接在一起。
3. 黏：連在一起的知識，讓他們的結合更為牢靠。
4. 隨：努力隨別人的長處「起舞」，也讓別人隨我們的步伐前進。

第六章：指指點點的教育

（要懂得通變，便於發揮指點的教育價值）

　　雖然教育是要百年樹人，但學習不能花費很長的時間，卻只看到一點點教育的價值。指導學生活動，每一個部分都必須很簡單，而且必須是一個活動接著一個活動連續不斷。要有成果，也要讓人保持興致。關鍵落在六個字「變通、通變、會通」。

第七章：驕者必敗

（不能只知顯耀自己豐富的經驗）

　　當我們大人的經驗越來越豐富，信心越來越大時，不能反而是孩子對我們的信賴度越來越低的時候。尤其當孩子覺得學校教出來的程度遠遠落後到學生心目中的認知社會時，在他們的眼中，學校已經失去它為學習殿堂的角色，緊接著，不但孩子不信任教學，連管教問題也是會越來越多。

第八章：更上一層樓

（任何事物的精緻總是終而復始，不斷的反省、檢討和精進）

　　經過前面七章的學習和精進，我們從回顧和前瞻中預測未來的發展。我們思考許多事情的發生方式，雖然有許多和過去不相同，但仍有許多值得我們沿用的寶貴經驗。我們堅持有始有終，更深信「有終有始」的價值。

　　本書八章大綱值得讀者先行深思，是各章明顯的 Coding。
　　教育以人性為主，企業經營的方式也值得運用。

　　企業經營充滿競爭，所謂的淨利、投資報酬率及資金運用，壓垮了企業經理人厚實的肩膀。高科技與資訊雖然弭平了古老與現代的時空維度，

但是卻也剝奪了人類生活與心靈的結合。科技、人文、教育與企業分流，造成企業經理人的煎熬與疏離。

科丁（Coding）是最近科教界很重要的學習科目，此想法由來已久，而且和邏輯絕對相關，也是人文、教育、科技、企業對話的好時機。其實，科丁的想法很簡單！

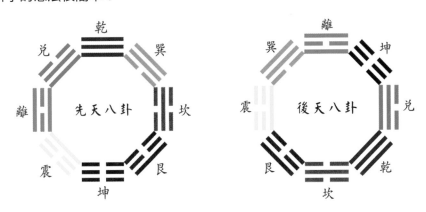

有朋友表示，從序言到全書的章節，內容很豐富，但是，害怕「消化不良」！

看書、讀書，而且是看一本「科技和文化」融合在一起的書，想要「真知力行」，絕不同於吃牛排，不必一次囫圇吞棗，我們採取的是「螺旋式循環成長」的策略。

當你有耐心的從第一頁讀到這裡，已經表現出你的「用心」。你「必然」了解，讀書要用心，更驕傲的說，已經是《易經》第二卦：坤卦「厚德載物」的開始，這是必然的必然的必然（☷）。

讀書的心得總是有漣漪的，能有「漣漪效應」者，必然是有乾卦（☰）「自強不息」的屬性者。漣漪指的是連續學習過程中，心得的連鎖體驗、體會和體悟。

因為「自強不息」才能使自己有所堅持，並快樂的走到這一步。當這一天到來時，收穫將非常可觀，這是學習效率的最關鍵指標，自助、人助，老天爺也樂意幫助。

我們已開始理解《易經》八卦中的「乾卦 ☰」和「坤卦 ☷」，也知道「科丁教育」和「創易文化」在學習上是一碼子事。

本書強調站在哲學的高度，大家一起創造新時代的學習環境。不管是電腦的 0 與 1，或《易經》的陽爻和陰爻，都可以用來當為數位時代的橋樑。本書的焦點是「教育的蛻變」，到此為止我們重在提醒「先見林再見樹」，全書八章是「數位時代科技」和「創易文化」的合體概念及其思考的 SOP。

為了有效的學習，請你開始對本書做全面的檢核：

1. 是否有完整的理念告知？

2. 是否有清晰的結構？

3. 標題是否能一目了然？

4. 是否知行合一？

5. 能否引起你對「真知力行」的追求？

6. 各章節內容是否環環相扣？

7. 能否觸動你樂意自我反省、檢討和思考？

8. 能否引發你「終身學習，終生成長」的願望？

第一章　新時代，新動力

從創新的動機開始

。就時間而言，總是有過去、現在和未來。

。人類經歷了史前時代、歷史時代，現在進入了資訊和通訊技術互動密切的時代。

。未來將是資訊和通訊使教育產生蛻變的時代。

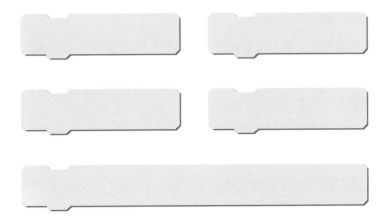

　　本書是「創易文化」＋「科丁教育」的合體，科技要創新；文化要久遠。在文化上，以中華文化為主，以《易經》為平臺，歸納起來是：

　　中華文化五千年，蘊藏豐富的經典。

　　群經之首是《易經》，它是人生密碼的拼圖和積木。

　　幸福快樂的人生，從《易經》的牌卡和積木開始。

　　八卦是基本元素，

　　乾、兌、離、震、巽、坎、艮、坤是眾所皆知的符碼；

　　天、澤、火、雷、風、水、山、地是最原始的解碼。

　　八卦重疊，疊出六十四卦的人生精髓，

　　六十四卦是智慧的天堂，卓越的人生投資盡在其中。

　　人生需要智慧牌卡的拼圖，更必須快樂積木的玩索。

　　幸福快樂的人生藍圖由牌卡和積木的拼圖、玩索和模擬開始。

　　「先天八卦」又稱「伏羲八卦」，因為八卦由伏羲所創。先天八卦是綜觀天地萬物運行規律而得的八卦順序。

　　「後天八卦」又稱「文王八卦」，有的人相信那是周文王姬昌所畫的，它歸納出人類的生活模式。本書從頭到尾，採用的邏輯結構皆是後天八卦的循環策略。

　　先天八卦所代表的是對等的觀念，象徵著空間的因素。宇宙萬物不是陽就是陰，在陰陽消長中自然就形成萬物八種不同性質：天、地、水、火、雷、風、山、澤八種現象相互依存。

　　陰陽對峙，是一種自然和諧相對立的觀念，指的是白天與黑夜，也代表地球的自轉，因此先天八卦就是：「天地定位，上下對立；雷風相薄，震動激盪；山澤通氣，高低交流；水火不相射、正反克制」。

八卦的八種形象：

三陽、三陰

The Creative（Trigram）　The Receptive（Trigram）

天　　　　　地

天地相對，符號相反

兩陰一陽、兩陽一陰

The Keeping Still（Trigram）　The Joyous（Trigram）

山　　　　　澤

山澤相對，符號相反

兩陰一陽、兩陽一陰

The Arousing（Trigram）　The Gentle（Trigram）

雷　　　　　風

雷風相對，符號相反

兩陰一陽、兩陽一陰

The Abysmal（Trigram）　The Clinging（Trigram）

水　　　　　火

水火相對，符號相反

資料取自《Coding 創易一條龍》一書

溫馨提示：

生活、處理和文化合為一體的符碼：

天	澤	火	雷	風	水	山	地	是自然界的符碼
☰	☱	☲	☳	☴	☵	☶	☷	是處理用的符碼
乾	兌	離	震	巽	坎	艮	坤	是中華文化的符碼

1-1 八卦是人生不同專題的濃縮

　　後天八卦所代表的是一種自然和諧的循環增長觀念，其中帶入了時間的因素，是「串流」的運用案例。

　　宇宙萬物的生成，陰陽的消長是逐漸形成的，必須有一定的過程，而不是突然變化的歷程。時序運行是一種順序的概念，指的是四季寒暑冷熱的觀念，代表地球繞行太陽公轉，年復一年，周而復始。後天八卦：「帝出乎震，齊乎巽，相見乎離，致役乎坤，說言乎兌，戰乎乾，勞乎坎，成言乎艮。」

　　震為萬物之始，太陽普照，萬物開始生長；巽為春夏交替，鮮明的照耀著萬物；離為正夏，明顯看到萬物生長的情況；坤為夏秋交替，大地滋養萬物長成；兌為正秋，果實累累慶秋收；乾為秋冬交替，太陽南行，白晝日短；坎為正冬，萬物開始休息；艮為萬物之終始，為冬轉春之際，代表黑暗過去，光明即將來臨。

先天八卦與後天八卦的順序雖然不同，代表的卦意相同。

乾卦：為天。即表示天體分分秒秒皆在持續不斷的進行。

兌卦：為澤。為喜悅，少女嘴裡說著甜言蜜語取悅他人。

離卦：為火。火的燃燒非常美麗，可以照亮大地。

震卦：為雷。像地震發出巨響，動作只是一瞬間，令人生畏。

巽卦：為風。因風無孔不入，能進入無人之境。

坎卦：為水。有危險之義。人若陷於大水中，必置於危險之地。

艮卦：為山。高山是停止狀態，也阻擋了氣流的運作。

坤卦：為地。大地是柔順的，是萬物生長之地，孕育萬物，生命力內斂，不露於外。

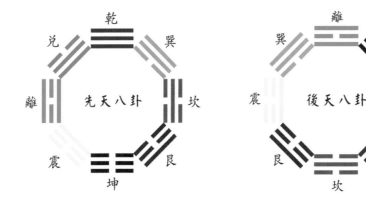

溫馨提示：

「先天八卦」是自然界相對的符碼 (Code)，
「後天八卦」是便於操作的邏輯符碼 (Code)。

八卦也代表著自然的現象。

乾＝天、太陽；天氣是晴天。

離＝火；天氣是閃電、彩虹、晚霞。

坤＝地；天氣是陰天或烏雲。

坎＝水；天氣是下雨、下雪、降霜。

震＝雷；天氣是響雷。

艮＝山；天氣是雲霧、山嵐。

巽＝風；天氣是颱風。

兌＝澤；天氣是下雨、星星。

1-2 標題名稱很重要

本書八章的命名花了不少心力，希望標題的名稱能反映出全章的理念，更希望全書的結構很清晰，並且是真正的知行合一，環環相扣。

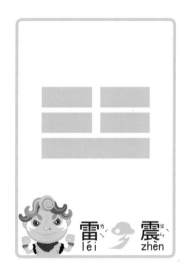

第一章的名稱為「新時代，新動力」，副標題為「從創新的動機開始」，其實運用的是「帝出乎震」的意義。

「帝出乎震」是八卦運用的開始，震位指東方，太陽從東方出來，自古以來把一切開始的方位定在東方。

《說文解字》：「震，劈歷，振物者。」震也是雷震，震是雷，是撼動。震字從古就是一個代表憾動的字詞，例如，地震者，動地也；震風是疾風，強風；震悚、震悸、震慄、震駭、震懾、震憾、震顫、震古爍今都是震懼，是驚怖恐懼。物體受大力的影響會搖動，人生受重大刺激會撼動。

帝出乎震，指出任何事物的主宰是震卦，都來自東方。

震字從雨和辰，辰字泛指時間，如吉日良辰；也是天體運行的星體之總稱。本書的「串流」從震卦開始。

從良好的動機開始，深入我們的主題，更能從不同的角度，體會我們的主題，當然必須有知行合一的實際行動。

我們應該喜悅的完成我們的主題，能自強不息將本書所有的環節扣在一起，樂意隨時反省檢討，懂得有機制、有步驟的循環成長。

1-3 快樂的人生戲幕

人生的戲幕從「初生」開始。最有價值的人生是家人同樂。

《易經》有一「家人」卦（☲）︐指導我們要「言有物，行有恆」，那是永恆的真理。

「創易客」一輩子的「學」和「教」，從體驗、體會和體悟中認真快樂的「過日子」。體驗、體會和體悟是很重要的人生邏輯的串流過程。要為自己建立起充實、滿足與安定的自我生活氛圍，就必須讓所有的家人都能「言有物，行有恆」。由「家人」延伸到組織，成為「同人」，和諧共同求進步。這時，要加入「學習」，更要學習「學習的方法」。

今天，本書當然必須基於這樣的心態：

1. 如果一堂課是 80 分鐘，主題再明確，就只是 80 分鐘，科技變動不已，產品日新月異，唯一能夠努力的就是如何用心抉擇其中的精華當為教學的內容，讓共同學習的「家人」都能夠「言有物，行有恆」。80 分鐘也要有 80 分鐘的價值。

2. 教學過程中，雖然有無限多的影響因素，目標一致，就是要提升效果。要點是改善教學方法，安排教材，精選或自製教具。為了提昇有效的教學方法，我們融入很多不同的牌卡和教具，讓大家一起精進。

3. 能夠真正讓學生一輩子受用的，並非只依賴其中變化不已的內容，更要想辦法讓他們親身體驗，用心體會，真正謙虛的體悟。最後，每一個「家人」，所有的「同人」，都必須有心得報告和成果展現。

要讓我們能了解人與電腦之間如何互動，就要將被動的電腦，透過能

互相溝通的語言與方法，讓它們能依我們的指令動作。

環境很重要。

在南極，再努力，也燒不開一壺水。

希望大家選擇快樂學習的環境。

現在我們選擇 Scratch 當為我們的第一個學習環境。

人生如果是一場大戲，那就有無數的戲幕。現在讓 Scratch 編排你自己的人生大戲。

每一天的每一個瞬間，在我們的周圍，總會有無數不同的戲幕在上演，我們每個人是否懂得依據戲幕的情境，隨著自己所扮演的角色，按照人、事、地、物，配合時位演出。歸納起來，人可依智慧分成三大類：

第一類：有能力與主見的人，他可以隨時主導自己的人生舞臺，不但依照自己喜歡的結局、角色、情景及劇情發展，在人生舞臺上展現，並且知道如何演好所扮演的角色，更能引導其他演員，配合自己預定的劇情發展，度過有意義的人生。

第二類：有能力的人會利用自己的角色、情景、劇情積極配合第一類人演出，除了讓他如願外，自己也滿意所扮演的角色與劇

情，度過快樂的人生。

第三類：沒能力又沒主見的人，只會見風轉舵，是牆頭草、無目標、漫無頭緒者，跟隨第一類與第二類人，依附在他們之下無作為的過著懵懵懂懂的人生，還是可以快樂的過一生。

我們推動「創易文化」和「科丁教育」合體的活動，跟此有何關聯？
我們有很多的案例，散布在書中的各個角落。
這種合體的教育，偉大的力量在哪裡？

1. 有生活的文化、有創新的科技，讓孩子產生主動學習的力量。
2. 有文化的精髓、有科技的邏輯、有改變「學習」方法的力量。
3. 有孩子主動學習的力量、有效的學習方法，能影響孩子和父母及老師共同學習的力量。

在編著本書的過程中，我們融入「創易文化」，靈活的運用這三種力量，將它們綜合在一起，適合每一位的需要，將可產生最大的效益，引導學生順利輕鬆的達標。

為了讓我們能全方位的應用科丁產品與課程，我們以《易經》的觀念帶入變化！在快速變化的網路中，現在的社會，對於「變易、簡易、不易」的智慧更有其急迫的需要。本書從第一頁開始，早就融入《易經》的智慧。在「必然的必然的必然」的序言中，早已把《易經》的智慧表現出來。

大家在玩索體驗的過程中，能夠增進學習邏輯的判斷與推理能力，並且從過程中得到知識與智慧，大家面對未來更有信心與毅力去實現自己的目標與理想。至少開始懂得建立充實、滿足、安定的自我生活。

當我們在各種經歷中獲得成長後，讓我們以愉悅的心情去學習，並應用在我們的日常生活中，圓滿的過完這個充滿快樂又有意義的人生。

實際上，一切的來源，不過只是一陰一陽之道而已！

一陰一陽之謂道，
線接上了才能 ON，
線不接在一起，就是 OFF。
Coding 則是 0 和 1 的數碼。

科丁和創易文化，根本就是
陰和陽、0 和 1、ON 和 OFF

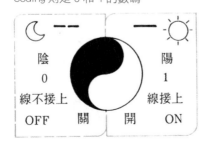

　　科丁（Coding）和創易文化的結合，更能發生多元學習的效果和進一步深入發展的價值。一切的一切總是由ON、OFF，0、1和陽爻、陰爻開始。

　　在「Scratch」的 Coding 上，我們安排模擬的拼圖積木：

1-4 Scratch 可以是人生的模擬舞臺

態度決定你做得如何。因為電腦是被動的，我們要它做一個動作就要下一個指令。Scratch 是這樣的一種程式語言，將它當成是一種環境，就可讓我們模擬人生大戲。

既然我們選擇 Scratch 當為我們的第一個學習環境，我們就必須在這個環境中依據個人自己的條件、喜好，把握有利的時機，選擇自己喜歡的人生舞臺。有主見者，在選擇好的舞臺上，扮演適合自己的角色；積極者，極力扮演好自己的角色。有些人，在既有的舞臺上，扮演好自己的角色，有能力者，還能充實舞臺的資源把自己打扮得光光亮亮。仔細分析我們即將學習的 Scratch 環境，你將發現，Scratch 的設計就是根據這種理念完成的。其中的三個關鍵字是：Scripts、Costumes、Sounds。

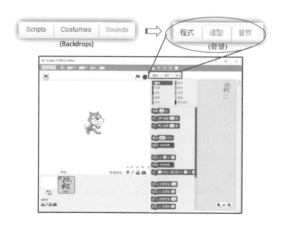

所以，Scratch 一開始，就列出三個要項讓我們模擬運用：

1. 腳本的認知（Scripts）。
2. 角色或背景的裝扮（Costumes/Backdrops）。
3. 舞臺背景的音效（Sounds）。

三者的中英文排列於環境中（如前頁圖）。

環境中的中英文用字可以自由選擇，雖然文字不同，指令並沒有差別。本書讓讀者懂得如何在學習 Scratch 的過程中，對於人生有更寬廣的體會：

如何能演好自己人生的角色？如何由第二類人提升到第一類人？第三類人提升到第二類人，甚至第一類人，每個人都可以主導自己的人生，過著有意義的快樂人生。不但是參與者個人的人生另一轉捩，也將是對社會的一大貢獻。親子同樂的主旨就在此。強調的是「家人卦」（ ☲☴ ）的「言有物，行有恆」，並將它擴大到一起工作或學習的同人上。

家人卦的符號 ☲☴ ，實際上就是一種符碼（Code），可用「101011_2」表示，如果解碼為十進位，就是 43。

同人卦的符號 ☲☰ ，實際上可用「101111_2」的二進位符碼表示，如果解碼為十進位，就是 47，在人生的歷程中，差別只在第四碼的抉擇不同。

在質性的解碼上，更可以隨著不同的領域而有不同方向的解碼；不同知識領域的詮釋；不同深度的認知。《易經》和「科丁」一碼子事，就從這裡開始。

1-5 「教育蛻變」必須用積木式的智慧來貫穿

我們強調積木的概念，積木本身就有遞迴的累積價值。例如：

進一步將資料、資訊、知識遞迴出來的「智慧」再進一步解析：

> 資料是萬事萬物抽象的表示；
> 資訊是有意涵的資料。
> 知識是有系統有組織的資訊；
> 智慧是能產生附加價值的知識。

1. 智慧有多樣性，我們是以不同的智慧和經驗來思考這個世界。
2. 智慧不是靜態的，本身充滿了活力。
3. 智慧與知識的不同，智慧是常常在突然間頓悟，並且能隨時隨地的運用。

實際上，真正的智慧代表著幸福快樂的人生。但智慧並非虛無縹緲，無跡可尋。智慧是由種類不多的許多相同積木有韻律的遞迴組織而成。

第一、智慧的應用領域是無限的，對於人生而言，不過是肢體、感官、腦力和情意幾種積木而已。每天的生活由這些積木在適當的順序上，在正確的時間點，出現在恰當的位置上。

第二、其中之一的肢體，運用最多，無時無刻不在，而且是動態的。每個人的肢體活動如能像跳舞一樣，有音樂、有美術的韻律，保證人生是美麗、幸福、快樂的。

第三、美麗的人生既然像跳舞一樣，當然少不了音樂、美術等感官活動的加入。想像著，這樣的人生多美！

Scratch 的指令，也是積木的方式。為了便於相疊，每一個積木都有相疊的結構，那就是上缺、下凸，密接在一起。而為了分類，又用顏色區隔、辨認並管理。例如：

　　根據我個人邏輯合理化的推論習慣，給予 Scratch 的十種操作，一個恰當的邏輯順序：

　　一、情意活動

　　　　人生事件角色、舞臺、背景的抉擇和信息的認知

　　　　1. 事件（events）的開始。

　　　　2. 角色、舞臺（looks）的抉擇。

　　　　3. 事件、舞臺、角色的認知（sensing）。

　　二、肢體活動

　　　　4. 單純的 Scratch 肢體活動（motion）。

　　三、感官活動

　　　　5. 單純的 Scratch 聲音或感官活動（sound）。

　　四、腦力活動

　　　　6. 人生反覆的腦力之重複控制（Control）。

　　　　7. 相關的操作（Operation）。

　　　　8. 相關資料之提供及操作（Data）。

五、自我人生的延伸：

　　9. 自己畫筆的價值（Pen）。

　　10. 更加豐富的人生（More Block）。

仔細推敲這十種操作的內涵，保證：

1. 能深（唯深）。

2. 能細（唯幾）。

3. 唯神快樂輕鬆的過一生。

唯深故能通天下之志；唯幾故能成天下之物；唯神故能不疾而速，不行而至。

1-6 「教育蛻變」的定位

不管是太極、兩儀、四象或八卦都是符碼，既然是 Code，就有 Coding 的作用，就必須有編碼（encoding）和解碼（decoding）的深層認知。

從 Coding 到《易經》，本書是《創易客寶典—科丁四部曲》的先驅著作，我們將相關的書籍全部定位在「文化＋科技＋教育＋企業」的綜合功能上。對於課程的安排，教材的編著，教學過程的設計，和一般的課程非常不一樣。採用的是五經之首《易經》的智慧精髓。

簡單的說，是：太極生兩儀、兩儀生四象、四象生八卦。

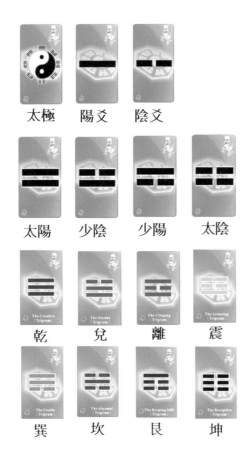

　　既然本書是以「活動」為主軸，讓我們先開始一個小時的 Scratch 體驗（Hour Of Coding，HOC）。我們的活動，奠基在這個全世界共同的舞臺上，但是，別忘了，我們必須有自己的作法。

　　在臺灣，公益平臺與誠致教育基金會已在全臺推廣「一小時玩程式（Hour of Code In Taiwan）活動。他們有願景，想要在臺灣，讓孩子從國小階段即能透過「一小時玩程式活動」，接觸到程式教育。以啟發其創造力、邏輯運算和自學能力，更希望藉此讓社會大眾了解，程式語言並非如想像中的困難，且正視程式教育的迫切性。

　　今天我們的 HOC 學習雖引自國外，但是最終必須融入我們的文化。

一陰一陽之謂道

0 與 1 是陰與陽，開與關也是陰與陽。

　　開與關組合電器，0 與 1 構出電腦，陰與陽形成八卦。數位萬象，盡在 0 與 1，0 與 1 塑造了數位世界，數位世界成為世界的主流。

　　我想把科技應用於人文關懷，與你一窺世界的全貌。

這些一陰、一陽；一開、一關的名言，值得推薦，整理起來，將是本好書。當然，好書必須在生活中去研讀。

變與通應該從生活中出發，我們下一代的學習當然是從生活中出發。

要在生活中唸書，以現階段來說，電腦是一本好書，科丁（Coding）用來讀好書。生活是連續的，要唸電腦這本書，從電器這本書唸起就不會有隔閡。電腦是擬人化的複雜電器，電腦是通用性高、複雜性大的電器。

電腦是電器，電器上看得見、摸得著的部分叫做硬體。硬體的英文是 Hardware。電腦上所謂的 Hardware，是硬體的總稱；相對的，所謂的 software 就是軟體的總稱。

1-7 HOC 的初步體驗

　　本書的宗旨是「創易客」願意花費心力再三陳述的最大動機；將也是讀者樂意再三研讀的最重要理由。我們的宗旨是提供 e 時代社會人士的需要；更強調如何激發現代人士上進的願望，對象不限於學生，更包括教育主管，老師和家長。不做作的說，我們努力解答「我們存在的理由是什麼？」

　　本書最值得推介給讀者的是完整的系統思考，和有邏輯的循環成長。

　　請注意本書的編排，有主標題，有副標題；有問題的提出，有解決的方案；有我們內部的看法，有外部的觀點。最後總是會有摘要、結語和呼籲。

　　科技蘊涵於創造。科技的創造，在於修正既有的概念，發展新概念。創造活動總是在一定的社會文化背景下進行，必須有其哲學的引導。哲學也需要從科技創造的成果中，吸取養分、充實和發展自己。提高科技創造力，必須掌握科技方法論，但也可以從遊戲中開始。為了消除入門者的恐懼感，在開始深入學習 Scratch 和 Arduino 程式設計之前，我們先透過遊戲體驗的方式，瞭解如何撰寫程式，以及程式設計時的一些重要觀念。當然，體會和體悟才是我們的終極目標。

一、認識 Code.org 網站

　　Code.org 是一個非營利性的電腦語言學習網站。Code 加 ing 就是 Coding，就是我們科丁的譯名。也是科技園丁的縮寫。org 是 organic 的縮

寫，organic 是有機體，代表我們的成長。這個網站的取名動機我們不知道，但用起來很有意義。網站上面有許許多多免費的程式設計課程，結合大家熟悉的卡通與動畫，輕鬆、活潑的遊戲內容讓程式設計的學習可以從小就開始，當然大人也可以加入課程學習。Code.org 本來的願景是：

　　每個在學校的學生，都應該有機會去學習資訊科學，就像學習數學、物理、化學、生物一樣。

　　但是，本書更將它延伸，更重視跨領域的價值。

　　因為 Code.org 來自美國，為了方便中文學生的學習，已經加入中文選項，包括繁體字和簡體字。只要在瀏覽器的網址列輸入 Code.org 即會進入官網首頁，如圖 1-5-1 所示，若要以中文顯示，可以將網頁捲動到最下面，然後在右下角選擇繁體字和簡體字，如圖 1-5-2~ 圖 1-5-3。

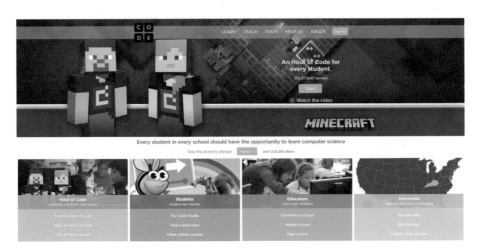

圖 1-5-1 Code.org 網站首頁。

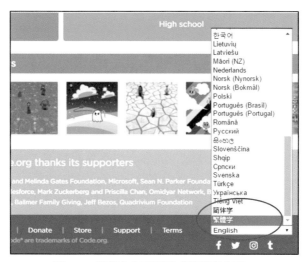

圖 1-5-2 將英文介面更換成繁體字介面。

圖 1-5-3 Code.org 的繁體字介面。

　　Code.org 允許使用者未登錄即可學習裡面的課程，但是不會記錄學習的過程，建議還是先登錄再進行課程的學習。只要在首頁的右上角點按「登錄」，即會出現登錄畫面，以 google、Facebook、Microsoft 其中一種帳號登錄，或是註冊一個新帳號再登錄皆可，如圖 1-5-4 所示。登錄完成後就可開始進行課程的學習。

已经有账号了？登录

电子邮件

密码：   忘记密码？

登录

记住我

还未注册吗？

创建一个账户

用谷歌帐户登录

用脸谱登录

用微软账户登录

圖 1-5-4 Code.org 的登錄畫面。

二、一小時程式設計課程（Hour Of Code，HOC）

　　Code.org 的課程種類非常多，但最容易建立程式設計基本概念的課程就屬「一小時程式設計課程」了。請點按首頁上的「開始」按鈕（如圖 1-5-3）參與 HOC 的課程，圖 1-5-5 為 HOC 課程的畫面。

你慣用語言的相關活動

圖 1-5-5 HOC 課程的畫面

首先看到的是網站自動篩選出的「你慣用語言的相關活動」，除此之外，可以將畫面向下捲動到最底下，點按「顯示使用各種語言的活動」，即可看到更多的 HOC 課程，如圖 1-5-6~ 圖 1-5-7。

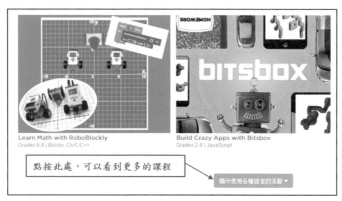

圖 1-5-6 顯示更多的 HOC 課程

圖 1-5-7 HOC 課程頁面

三、開始體驗 HOC 課程

HOC 的課程利用積木拼貼的語言（Blocks）來取代傳統的語法輸入，因為有 Blocks 這種積木式語言的設計，讓學習者可以在一小時內知道程式設計就是：

偵測事件→判斷情勢→做出反應→重複執行

如圖 1-5-8 所示。

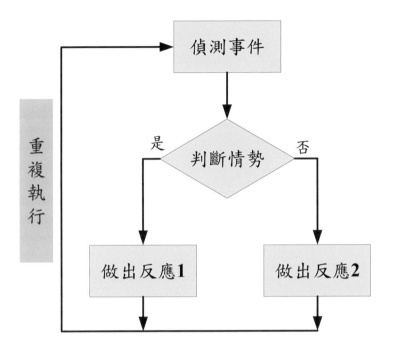

圖 1-5-8 程式設計概念

既然開始 Coding 的學習，入境總需隨俗，我們必須開始學習 Coding 相關符號的規定。

1. 選取課程

首先在 HOC 課程頁面中選取一門想體驗的課程，例如：經典迷宮。這個課程主要是讓我們學習「重複」與「判斷」這兩個概念。當然，還有「重複」和「判斷」及更多的概念，等待我們進一步的學習。只要在課程圖示（圖 1-5-9）上點按，即會打開課程說明畫面，再點按上面的「Start」按鈕進入課程，如圖 1-5-10。

圖 1-5-9 經典迷宮課程圖示　　　　圖 1-5-10 經典迷宮課程説明

2. 開始練習

（1）一開始會先有一段影片，除了名人談他自己學寫程式的經驗外，也
　　　介紹這個課程的任務及方法，如圖 1-5-11。

圖 1-5-11 經典迷宮—影片介紹

（2）出現任務與操作提示，看完之後點按確定，並且關閉操作提示。

圖 1-5-12 經典迷宮—任務與操作提示

（3）圖 1-5-13 為經典迷宮的操作介面，只要將程式積木拖曳至工作區結合在一起，然後按執行，即可看到程式執行的結果。

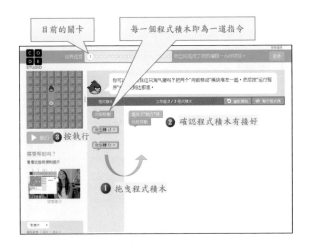

圖 1-5-13 經典迷宮—操作介面

（4）程式積木上若有倒三角形的符號，則點按此符號即會出現下拉式功能表，如圖 1-5-14 所示。若要刪除工作區中的程式積木，只要將其拖曳到左方的程式積木區即可刪除。

圖 1-5-14 經典迷宮—下拉式功能表

（5）每一個關卡過關時會出現如圖 1-5-15 的恭喜畫面，並且顯示所撰寫的程式碼數量，若按下「顯示程式碼」則會顯示以 JavaScript 語法所寫的程式碼。

圖 1-5-15 經典迷宮—恭喜過關畫面

（6）經典迷宮共有 20 個關卡，第 1 關最簡單，第 20 關最難，全部都完成即可獲得證書。

在學習過程中，最重要的精神就是：

勇敢嘗試、不怕犯錯，錯了只要再試一次即可。

3. 領取證書

完成一小時程式設計課程之後就可獲得證書，此時會出現如圖 1-5-16 所示的畫面。在「個人化您的證書」處輸入英文名字（可至外交部領事事務局查詢），再按「送出」，就會出現有您名字的證書，點按證書可下載或列印，也可將此分享到 Facebook 或 Twitter 上。

圖 1-5-16 領取證書的畫面

一小時過去了，「HOC」完成了，不希望大家只是不用腦筋的跟著人家一步一步的操作，那是不得已的入門體驗，絕不是「科丁」教育的最主要目的。Coding 來自 Code 這個字，Code 是數碼。下列的 Scratch 指令積木，最需要開始深思！

1-8 有自己文化的科丁（Coding）教育

　　我們參與「科丁教練」的培訓工作，身為教練中的教練，不在外表的形式，重在授課的內容要如何提升下一代的品質，更重要的是我們的科丁教育，必須和自己的文化相融合：

1. 不是為科丁而科丁，要體悟出 Code 的價值和 Coding 的過程。
2. 不能只是為了滿足學生的好奇心而已。該如何融入他們的學習內容和學習過程中。
3. 要使學生在科丁的過程中，真正有教育的價值。不能讓電影院像教室一樣無趣，但也不能讓教室像電影院那樣缺乏一些教育的價值。
4. 要能引發學生樂意繼續學習，不能只為學生。科丁的工作老師和社會也有其欲達成的目標，只是隱晦不顯而已。
5. 最重要的是要引發學生的不同潛能。有的在技能、有的在知能、有的激發出優質的潛能，但絕不是放牛吃草的工作。

　　科丁教育既然不能是放牛吃草的工作，自然就必須有科丁教練和老師的指導，更必須有真正科丁達人的參與。首先，所有科丁的教練或者老師都要體悟到，真正的科丁教練或老師，必須具備一些基本的能力和心態：

1. 具備指導科丁專業的能力，深入才能淺出。
2. 了解教育是一門專業，具課程、教材、教法、教具的靈活運用能力。不能只有科丁的專業能力，教育不是一種常識。
3. 必須有一顆「學不厭，教不倦」的心。文化是連續的，科技不斷的創新，唯有「學不厭，教不倦」的人，才能將兩者融合在一起。

　　凡事不能空口說白話，科丁教練、教練的教練們，大家要一起努力！

↺ 回顧重點

值得驕傲的人生目標

水往低處流，人往高處爬，恭喜你，你已開始往高處爬，高處指的是值得驕傲的人生目標。千萬別忘了我們的囑咐：

「進入樹林前，對整座樹林要有一清晰的輪廓。」

這是跨領域學習最起碼的認知，是培養「耐心」的最佳方法，是融入生活中，體會和體悟「驕傲人生目標」的最佳策略。

恭喜你，通過 HOC 的考驗。知道 Code、Coding，encoding 和 decoding 的串流價值，還有 Scratch 指令積木的認知，這些概念仍然需要不斷深入。

實際上，回顧本章重點時，我們猜想樂意閱讀本書的讀者應該是家長和老師。也許我們會冒犯到一些大人們，根據我實際的觀察，大部分的學生也發覺，大人在認識電腦的過程中都比孩子遲鈍，需要一而再的練習才會熟練。因而有些大人放棄學習，讓年輕人認為差勁落伍。

就時間而言，總是有過去，現在和未來。
。人類經歷了史前時代、歷史時代，現在進入了資訊和通訊技術互動密切的時代。
。未來將是資訊和通訊使教育產生蛻變的時代。

◉ 前瞻未來

真知力行的學習行動！

　　我發覺臺灣社會對於我們共同努力的這個主題有很迫切的需求。像我這種對「終身學習，終生成長」極度崇拜的信徒，怎可能只以寫作這本書為滿足。呼籲本書現在的讀者加入學習的行動，同時告知更多的朋友：

1. 本書不是一種理念而已，也是一種行動。行動不是等待蘋果成熟落地，而是必須大家親自動手去摘下。
2. 從寫這本書的第一天開始，我們最期待的就是有更多人加入學習的行動。從七歲到七十歲，或者更提前或更延後。
3. 依後天八卦的循環成長，本書共有八章，對於第二章以後的學習，不能只是看、只是讀，必須真正的理解。
4. 本書不只是「解釋」，不只在文字的解說，更加入了深入的分析和說明。
5. 讀者不單是知道，更必須「理解」。理解是深入的明白事理，懂得推求事理，求得解釋，更要有詮釋的功夫。
6. 第二章的每一個字、每一個句子、每一段話，值得你推敲、詮釋。

　　我們特別建議大人們要敞開心胸接納新事物，不能認為自己學不會新東西。希望我們充分利用自己深厚的知識和智慧自動自發的探索新事物。

　　既然我們已知電腦可幫助孩子學習，就應紮紮實實的檢討自己的學習，仔仔細細的省思自己的學習習性。我們發覺，有不少大人將自己不良的學習風格，強加在孩子的身上。我們建議，務必將孩子當成資源，可以學著讓孩子在需要的時候幫助你，你才有機會，將你豐富的人生經歷幫助孩子。

■ 創易客觀點

概念的內涵和外延，及其形成過程

陳茂璋

■ 鄭重的告知讚友

施老師幾十年的教學，在實作中，釐清很多概念；在研究中，把大部分的心力放在「概念的內涵和外延，及其形成過程」。本書最重要的部分就是教育概念和案例的申論。

為了和現代的教育融合，書中透過「創易文化」和「科丁教育」的合體，有清晰的概念論述，並有實際的案例呈現。

底下為施老師在「概念的內涵和外延，及其形成過程」所作的論述。

■ 概念的內涵和外延

概念是人的思維對客觀對象的反應形式，也是反映事物本質屬性的思維形式，事物屬性指事物性質和事物間關係。每個事物都有自己的屬性，譬如人有男、女、胖、瘦、高、矮、膚色、會思考、會創造發明、有愛恨情仇思緒等等屬性，其中「會思考」、「會創造發明」、「有愛恨情仇思緒」等是決定人之所以為人之屬性，稱為人的「本質屬性」，而其他則是人的「非本質屬性」，亦即其他動物也會具有這些屬性。

事物概念與事物客觀存在是有區別的，概念是反映事物及其本質屬性的思維形式，而客觀存在事物必須能在人大腦中反映出其本質屬性，事物概念才算形成。

　　施純協教授（1992）指出：「概念是思維形式基本單位……作為思維形式的概念有兩個最基本邏輯特徵，那就是內涵和外延。概念內涵指反映在概念中對象本質屬性，而外延是指概念所指對象」。

　　概念內涵和外延是指兩個方向相反，但又密切相關事件。一定內涵會限制一定外延。同理，一定外延會約制一定內涵。一個概念是否明確，要同時查看其內涵與外延是否清楚。

　　換言之，一個概念內涵愈豐富，則其外延就愈狹窄。反之，如果一個概念內涵愈貧乏，則其外延就愈寬廣。

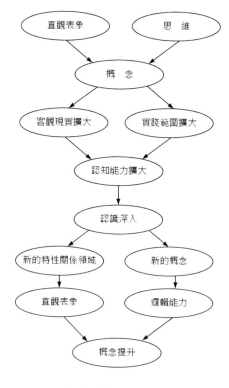

概念形成過程圖

■ 概念的形成過程

「概念形成是一個辯證過程」，如圖所示。從直觀表象到概念是認識上的飛躍，但形成過程是一個很複雜的辯證過程，其中包括有許多邏輯方法運用，例如：分解、分析、比較、合併、綜合、歸納、演譯、概括、抽象、聯想、想像等。事實上，概念形成依賴於人類理智積極創造活動，直覺思維能力也起著很重要作用。

直覺在概念形成中具有很重要作用，但直覺並不排斥理性和邏輯，它倆是相輔相成的。從概念形成過程分析中，我們很容易看出一個概念形成過程乃是經過思維與認識多次飛躍而不斷發展的過程。新的特性、關係和領域，擴大概念發展歷程，而新概念提出，要依賴實踐經驗，也要依賴概括、抽象等邏輯方法應用，兩者意味著概念有了增值和融合。

概念增值表現在探索領域擴大和認識理論深化，也意味著概念分化。也就是說，既有概念內涵分解為兩個或以上，部份以原概念表達其中一部分舊有內涵，其他部分經過改造，融合新發現而構成新概念。新概念形成也常以移植方式為之，知識管理系統屢用不鮮。

概念移植或借用可以導致新概念形成，但移植作用必須通過概念分化才能實現。概念開始移植在新的研究領域時，其內涵無顯著改變。隨著研究工作深入，新移植概念逐漸暴露出對新領域某些不適應性，這必然導致概念內涵改變。改變由概念量膨脹起始；量變就會引起質變，因而導致概念分化，產生新概念。

概念融合，在概念形成和發展過程中，起著更大作用。所謂概念融合

是指既有、彼此孤立的概念，隨著客觀現實擴大和認識結合，統一成為一個嶄新概念。概念融合，體現著認識深化和可觀現實綜合。

　　總而言之，人們必須通過獲得認識，形成概念；又通過實踐檢驗概念和發展概念。隨著實踐發展、認識深入，逐漸掌握愈來愈豐富，愈來愈精確概念。

溫馨提示：
請回頭看，將 51 頁圖 1-5-8 程式設計概念圖和「概念的內涵和外延，及其形成過程」一併研讀。

第二章 「教育的蛻變」從哪裡開始？

從每個人最擅長的領域開始

- 在同一時間內，每個人有不同的空間。

- 在同一時間、同一空間，每個人因為媒介不同，對於資訊和
  通訊技術的認知不一樣。

- 如何利用自己既有的專長當媒介，使自己在教育中蛻變，是
  現代人的核心工作。

知後當力行，使理論印證落實，
行中求真知，讓科技發展生根。

本書是「創易文化」和「科丁教育」的合體，以後天八卦的循環當章節順序。第二章強調本書的蛻變要從每個人最擅長的領域進入，但不能忘記生活中累積的文化。

21世紀雖是數位科技的時代，其0和1的元素和華人文化的陰、陽爻概念一致，要一起融入生活中。再以自己專長的領域為基礎，就能將電腦和手機的綜合運用，完全操控在自己的手上。

科技創新，創客湧出，機器人抬頭。
文化久遠，歷久彌新，《易經》的智慧永存。
機器人和《易經》是不同年代、不同性質的產物，卻擁有相同的概念屬性，都是二進位的概念組合。

機器人，零和壹；《易經》，陰和陽。
機器人是現代最夯的產品，開始代替人類工作；《易經》是幾千年前的典籍，是中華文化五經之首，它的智慧恆久長在。

本書第一章從震卦開始，為帝出乎震。第二章從我們容易入手的領域開始，八卦中的巽卦接在震卦的後面，為齊乎巽。

快意人生來自生活的動機，探索人生的意義，建立人生的價值。

2-1 巽卦的深入淺出

不要看輕自己，人類有無限的可能，有力量濟人是福，有功夫讀書是福，有學問著述是福。

意動身隨，人的軀體只是意念的具體表現物。樂在工作強調的是務實，而本文則「務實」與「務虛」兼顧。除了反射的動作外，每個人的一舉手一投足都是來自內心意念的指揮。更有意思的是，從某一個角度來看，有許多事物的作用和雷一樣，所以有時稱雷同。雷同指雷一發響，萬物同時響應，今泛指事物與人相同者為雷同，這一種看法成為古時候偉大抽象的發明。

人類潛力的發揮來自學習，人類知識的學習總是由具體到抽象，帝出乎震指出引發強烈的動機。

《易經》使用視覺形象來表示抽象哲理，所以學習需要抽象，是務虛。

齊乎巽：深入了解，巽卦為「入」，代表「深入了解」的階段。

齊物有兩種解釋：一是齊物之論，指萬物有齊同的道理；一是齊同物論，即將萬物及其各種觀點予以齊同，前者是自然的共性現象，後者是人為的將異相的事物給予公平待遇的做法。

所有熱心教育工作者皆有強烈的動機，因而能潔身自愛，發揮風行草偃的氣節，使教育界有一優質的風氣。

帝出乎震，齊乎巽，巽為風，風可齊物。

齊有齊等、平齊、相同、相等、整治、排列、辨別等一大堆不同的意義。齊字與他字組合後的字詞很多，例如：齊一是整齊一致；齊力是並力，合力；齊心是同心，一心；齊致是眾人一致，同心動心；齊平是整齊；齊正是平定，端正；齊交是共同交往；齊列是並列。

巽卦不但有深入之意，並且有淺出的一致性，兼具風行草偃「有教無類」的精神。

2-2 真知力行的重要

最近大家開始知道，許多國家早已將「電腦程式」納入學校課程，只是名稱改為「Coding」而已。臺灣腳步雖然慢半拍，至少已決定 2018 年將「電腦程式設計」列入課綱。

1. 將程式設計列入學校課程中，臺灣教育的第一個理由是讓孩子與世界教育的潮流接軌，是後知後覺，是「小確幸」政策而已。「創易客」強調的是真知力行。知後當力行，使理論印證落實，行中求真知，讓科技發展生根，我們以自己的文化為根源迎頭趕上。

2. 我們讓孩子愛上程式，學習計算機思維，不是只知道跟隨在別人的屁股後面跑，不能沒有「創意」的作法，我們可以融入自己的文化，再加強邏輯的教學。

3. 有的國家強調「程式設計」，有的用「科丁 Coding 教育」，我們想過「程式設計」和「科丁教育」是否完全相同？在國外，「Code.org」是一個非營利性的電腦語言學習網站，上面有許多免費的程式設計課程，結合大家熟悉的卡通和動畫，輕鬆活潑的遊戲內容讓程式設計的學習，可以從小開始。

Code.org 的願景是：**每個在學校的學生，都應該有機會去學習資訊科學，就像學習數學、物理、化學一樣。**
我們更必須將自己的「文化」，很有深度的融入。

為了讓所有的家長和學生有機會學習資訊科學，Code.org 不空口說白話，推出「HOC 課程」，讓更多人可以去體驗。HOC 是「Hour of Code」

的縮寫，強調一小時的程式設計課程，這個課程是全球性的活動，觸及幾千萬個來自一百八十多個國家的學生。從4歲到104歲，不需要任何經驗，任何人，在任何地方，都可以參與。一小時的程式設計課程有超過40種語言。我們是否也該安排我們自己的課程？

臺灣還算懂得跟進，但是是否有「創意」？是否有自己的文化意識？是否真正的安排在我們科丁教育的課程和教材中？

除了「Hour of Code In Taiwan」的活動外，「科丁（Coding）聯盟協會」在2016年12月17日正式成立，以培養「科丁教練」、「科丁師資」及「親子同樂學科丁（Coding）」為重心。科丁聯盟協會，強調「科丁」，不用「程式設計」當號召，以 Coding 為名，旨在發揮一般人對於 Code 的認知。

■ 由 Code 到 Coding，到 encoding 及 decoding

希望未來臺灣的孩子在學習資訊教育時，不是只有玩電腦，或被電腦玩，可以將自己的生活和學習以不同的 Code，運用 Coding 的能力，並能在 Coding 中，分別體驗什麼是 encoding？什麼是 decoding？一切從生活中開始，最後有自己的「創易客」，有「創易」也有「創客」。符合《易經》文化經典中，「開物」和「成務」的核心理念。

2-3 談科丁教育我們有自己的想法嗎？

　　我們將「創易文化」融入在科丁的教育中。科丁是 Coding 的音譯，也可以看成是科學和科技的園丁。但不是「科技教育」。世界各地，不必人人都從事科技工作，但必須了解 Coding，因為 Coding 是一種精確的人造語言，和自然語言一樣，可以用來表達我們腦中的思維和想像。只是這種人造的程式語言和普通語言文字不一樣，是精確的，不模稜兩可。但是運用時，卻有很大的思維空間。

　　「科丁」透過電腦幫我們接收信息，有跨領域學習的價值。「科丁語言」是人造的程式語言，去除自然語言的歧義和模糊性，科丁語言的理解力和表達的內容是準確的，「科丁」在人機介面的表現很準確，複製性很高，留傳性遠比人類以前的圖文工具的效率大。

　　記得，學習「科丁」，可以增進邏輯能力，懂得在不同的領域中運用。

　　我們要知道，名師出高徒，但是「課程」和「學習」過程中的集思廣益更為重要，而教材的自我閱讀能力也不容小覷。

　　總而言之，「科丁」是生活，是人文、科技、教育、企業的綜合體，值得成為一種具有普世價值的「教學科目」。為了「普世價值」必須採取「遊戲中學習」，「做中學習」的教學策略。在教學過程中，「肢體、感官、腦力」的活動需要兼籌並顧，更必須特別重視「情意」的活動。

　　在這種要求下，「科丁」教練的培訓更需要跨領域的學習，「科丁」教練的知識和技能累積到某一程度後，必須透過「形式理論」加以消化，

並擴大其應用領域，這些將在往後的學習中不斷的深入。而「科丁教育」必須讓所有的學習者，能在有情意的快樂學習下，讓肢體、感官和腦力同時並重，而左右腦同時運用。

自古以來，人類最簡單的資料表示方法，也就是我們現在所稱的Code，即數字或數位的二進位（digital），也可以稱為二進位符碼或數碼。

電機或機器的數碼是用通和斷或者 on 和 off，電腦是用 0 與 1，《易經》是用陽爻和陰爻，看起來好像不只是「兩碼子事」，實際上是「一碼子事」的表示方法，只是採用的符碼不一樣而已。例如在《易經》上叫做爻；「▬▬▬▬」叫陽爻；「▬▬ ▬▬」叫陰爻。電腦叫位元（bit）。陽爻相當於 1，陰爻相當於 0。

人類的資料、資訊、知識不斷累積，所需要的 bit 數增加，《易經》因為有「質化」的性質，數量不能無限制的增加，由兩儀的的一爻到四象的二爻，八卦的三爻，到六十四卦的六爻。

電腦因為電腦純量化的操作，由 1 個 bit 到 4bits，到 8bits、到16bits、32bits……，隨著科技的進步，位元數不斷增加。

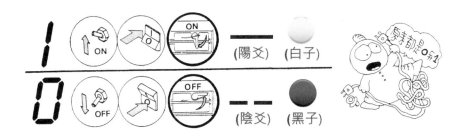

相同的「數碼」、「數位」或「數字」隨著知識領域的不同，可以代表不同的資料、資訊或知識。儘管知識領域不同，人類對於相同的數碼有不同的解讀。但是在同一領域中的任何人，對於及時與正確的數碼的需求越來越感到迫切。古代對於資料的蒐集、儲存、操作、處理抽象性高，現在更有科學性的管理。

實際上，資料結構化處理自古早已有之，皆能有系統的安排、儲存。

在科丁教學上，資料結構其實早就是人類生活或工作中的重要技能之一，在科學上是不可或缺的工具，在人與人的相處上，是不可或缺的哲學概念。

資料、資訊、知識和智慧自古以來即有遞迴的重要關係。

1. 資料是萬事萬物的抽象表示。未處理前稱為原始資料。

2. 資訊是有意涵的資料，原始資料認知後才能分析整理，建立起資料間的相互關係，以最有效的型態儲存及取用，這就是資料結構。

3. 知識是有結構有系統的資訊，不同的資訊匯積在一起，成為通用性的知識。在科丁教學上，我們強調「創易文化」，因為《易經》在這方面有很強的結構認知。

4. 智慧是能創造價值的知識。我們強調「創易」不忽視「創客」。因為《易經》的精髓在「開物成務」四個字。

「創易客」是「創易」＋「創客」，「創易文化」和「科丁教學」是一碼子事。身為「科丁教練和老師的老師」，編撰《創易客》不偏於「創易文化」，對於「科丁教學」的源頭，「程式設計」也不能偏廢。

2-4 Scratch 的下載與安裝

一、兩個層次的串流

Scratch 的學習重點有二個層次，一個是程式、造型 / 背景和音效，一個是十項操作的重點，必須熟練運用：

1. 程式、造型 / 背景、音效。
2. 十項重點操作。

這兩個層次，皆必須同時兼顧語意、語法、語用的認知，尤其在語境上的拿捏。

1. 程式、造型 / 背景、音效

圖 2-3-1 Scratch 的程式、造型 / 背景、音效

2. 十項重點操作

圖 2-3-2 Scratch 的十項重點操作

二、Scratch IDE 的下載與安裝

　　Scratch 是由美國麻省理工學院多媒體實驗室（MIT Media Lab）的「終身幼稚園團隊（Lifelong Kindergarden Group）」所開發的一種新的程式語言，它拋棄複雜的程式碼，使用樂高積木式的堆疊法來完成程式，適合沒有程式基礎的初學者。讓人們可以輕易的創造自己的數位作品，如互動故事、動畫、遊戲、音樂和藝術等等，並可上傳自己的作品到 Scratch 官方網站，與全世界一起分享自己的創作。

　　MIT 開發團隊希望能用 Scratch 來協助八歲以上的孩童發展資訊教育的學習技能。學生除了可以從中學習重要的數學和電腦的概念外，同時也學到如何做有創意的思考、有系統化的推理、以及與其他人合作。

　　在本書中，我們更將古老的《易經》和 Scratch 綜合在一起，為《易經》的智慧注入科技的創新，「創易客」趁此良機在華人的世界中，自由運用，活絡起來。

　　Scratch 軟體分為線上版與離線版二種，線上版不需安裝程序，只要利用網頁瀏覽器進入官方網站（http://scratch.mit.edu），並完成註冊即可使用，而離線版則需先在官網下載軟體並完成安裝才可使用。

1.Scratch 線上版

　　首先利用網頁瀏覽器進入官方網站（http://scratch.mit.edu），會看到首頁畫面，如果不習慣英文的介面，可以利用滑鼠將視窗畫面捲動到最下面，然後將語言從 English 改成正體中文，如圖 2-3-3 與圖 2-3-4 所示。

圖 2-3-3 更換 Scratch 網站所使用的語言

圖 2-3-4 使用正體中文的 Scratch 網站

雖然我們強調文化的融入，但是在多元化的前提下，我們鼓勵大家選用英文，將來的 Coding 工作，更容易和世界接軌。

接著以滑鼠點按「加入 Scratch」進行註冊，完成後回到首頁點「登入」再按「新建」，即可進入 Scratch IDE，如圖 2-3-5 ～ 2-3-7。

圖 2-3-5 Scratch 的註冊畫面

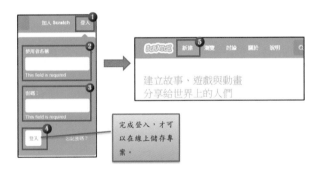

圖 2-3-6 Scratch 的新建專案程序

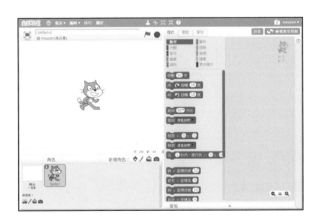

圖 2-3-7 線上版的 Scratch 2.0 IDE

2. Scratch 離線版

Scratch 離線版可從首頁最下面的「支援─離線編輯器」（圖 2-3-8）
或前往網址「https://scratch.mit.edu/scratch2download/」下載，圖 2-3-9 為
下載處的視窗畫面。

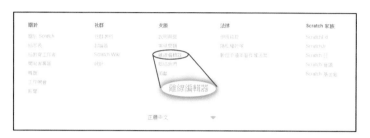

圖 2-3-8 下載離線版的 Scratch 2.0 IDE

圖 2-3-9 下載離線版的視窗畫面

此處告訴我們，必須先下載安裝 Adobe AIR，然後再下載安裝 Scratch
2.0 離線編輯器（Scratch-451.exe），請參考圖 2-3-10 與圖 2-3-11。

圖 2-3-10 Adobe AIR 的視窗畫面，按「我同意」即會進行安裝。

圖 2-3-11 離線版的安裝畫面

完成安裝後會在桌面上建立捷徑並自動啟動應用程式，如圖 2-3-12。

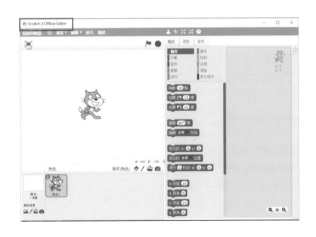

圖 2-3-12 離線版的 Scratch IDE

2-5 Scratch IDE 的操作與認識

當我們開啟 Scratch IDE 時，電腦螢幕即出現如圖 2-3-13 的視窗畫面，這就是 Scratch IDE 的使用環境，接下來就讓我們一起來認識其中的各個項目內容。最重要的有六項：

1. 下拉式功能表列
2. 快捷工具列
3. 舞臺區
4. 背景與角色區
5. 程式積木區
6. 腳本區

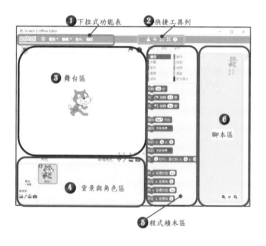

圖 2-3-13 Scratch IDE 的操作介面

　　如圖 2-3-13 所示，Scratch IDE 的使用環境可分成六區，分別為：下拉式功能表列、快捷工具列、舞臺區、背景與角色區、程式積木區與腳本區，六個區域的內容說明如下：

一、下拉式功能表

　　1.Scratch：連上 Scratch 官方網站

　　2. ：設定 Scratch IDE 所使用的語言。Scratch 在安裝完第一次執行時，預設是英文介面，我們可以用滑鼠選按地球圖案，然後選擇「正體中文」，即可將操作介面改成正體中文介面。另外，若要更改程式積木中的文字大小，則可先按下「Shift」鍵不放，然後用滑鼠選按地球圖案，再選「set font size」，在選單中選擇字型大小的數字即可。

　　3.檔案：提供檔案操作的下拉式功能表，其內容如圖2-3-14（a）所示。若是線上版的 Scratch IDE，則檔案功能表的內容如圖 2-3-14（b）所示。

圖 2-3-14 Scratch IDE 的檔案功能表

4.編輯：提供編輯操作的下拉式功能表，其內容如圖 2-3-15 所示。其中的「小舞臺版面」可以將舞臺區縮小至原來舞臺區的 1/4，而「Turbo 模式」則是以較快的速度來執行程式。

圖 2-3-15 Scratch IDE 的編輯功能表

5.技巧：選按「技巧」時，會出現如圖 2-3-16 所示的頁面，其中有「Step-by-Step」、「How To」與「Blocks」三個頁籤，主要是提供 Scratch 所有設計技巧的教學，對於初學者非常實用。

6.關於：介紹 Scratch 園地的一些大小事。

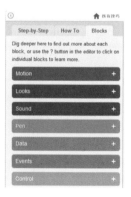

圖 2-3-16 Scratch IDE 的技巧教學

二、快捷工具列

如圖 2-3-17 所示，共有：複製、刪除、放大、縮小與積木說明。

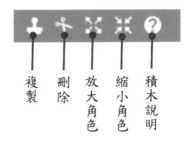

圖 2-3-17 Scratch IDE 的快捷工具列

三、舞臺區（Stage）

這個區域是用來呈現程式執行的結果。舞臺區有小舞臺、大舞臺與全螢幕等三種模式，預設是大舞臺模式且背景為白色，如圖 2-3-18 所示，以舞臺區正中央座標為（0,0），最右邊為（240,0），最左邊為（-240,0），最上面為（0,180），最下面為（0,-180），所以舞臺區的寬度為 480 像素，高度為 360 像素。

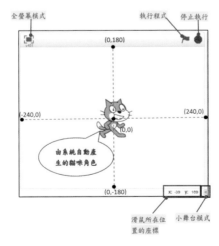

圖 2-3-18 Scratch IDE 的舞臺區

四、背景與角色區（Costumes/Backdrops）

Costumes 是服裝式樣，Backdrops 是 Backcloth 是背景布幕。此區位於視窗的左下角，新建專案時，會先預設舞臺背景為白色，並在舞臺正中央自動產生貓咪角色，我們可在此區更換或新增舞臺背景與角色。

1. 舞臺背景：Scratch 提供四種產生舞臺背景的方式，分別為：從範例庫中選擇背景、畫新背景、上傳背景圖案、從相機拍攝新背景，如圖 2-3-19~20 所示。

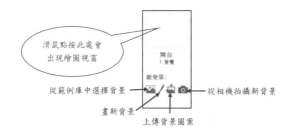

圖 2-3-19 Scratch IDE 的舞臺背景

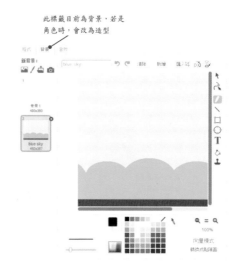

圖 2-3-20 Scratch IDE 的背景繪圖視窗

　　2. 角色（Sprites）造型：如圖 2-3-21 所示，在 Scratch 中所使用的角色都會呈現在此處，我們可以檢視或修改角色的屬性，也可以新增角色造型。當選擇「畫新角色」功能來新增角色時，會出現如圖 2-3-22 所示的角色繪圖視窗。

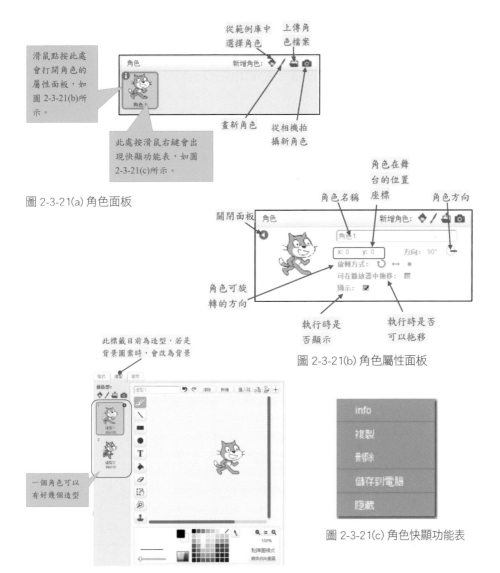

圖 2-3-21(a) 角色面板

圖 2-3-21(b) 角色屬性面板

圖 2-3-22 Scratch IDE 的角色繪圖視窗

圖 2-3-21(c) 角色快顯功能表

五、程式積木區

此區有三個頁籤,分別為:程式、造型(背景)、音效。

1.程式:此頁籤提供了百餘個程式積木給設計者使用,為了方便辨識及取用,將所有的積木分成:**動作、外觀、音效、畫筆、資料、事件、控制、偵測、運算、更多積木**等十類,並用不同的顏色來標示。以滑鼠左鍵點按任一類別名稱後,在下方即會出現該類別的所有積木,只要用滑鼠拖曳所需的積木到腳本區,即可組合出所要的程式,如圖 2-3-23。

2.造型(背景):當選擇畫新背景或畫新角色時,即會打開繪圖視窗供我們使用,如圖 2-3-20 與圖 2-3-22 所示。

3.音效:要為角色添加音效時,點按音效頁籤即會打開新增音效視窗供我們使用,如圖 2-3-24 所示。

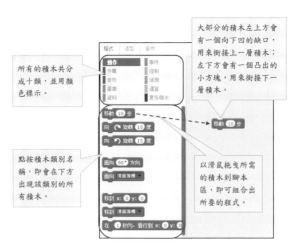

圖 2-3-23 Scratch IDE 的程式積木區

84

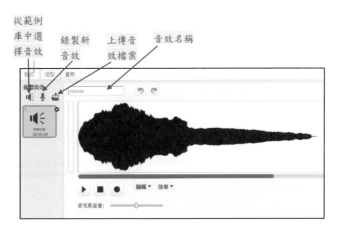

圖 2-3-24 Scratch IDE 的音效編輯視窗

六、腳本區

　　腳本區是用來撰寫程式的區域，只要拖曳所需的積木放在此區，即完成程式的撰寫。此區的右上角會顯示角色的縮圖與在舞臺區的座標，如圖2-3-25。

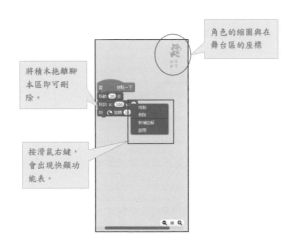

圖 2-3-25 Scratch IDE 的腳本區

只要將角色 1 的程式拖曳到角色 2 上面，即可完成角色之間的程式複製。若要跨專案共用資源，則須利用線上版才有的背包區，如圖 2-3-26。

背包區就像是一個容器，在開啟 Scratch 時，預設是收合狀態，只要點按背包區上的三角形即可開啟，它允許我們將程式積木、角色、造型與背景，拖曳到背包區儲存，而不會因專案或 Scratch 關閉而消失。

我們製作了一個 Scratch 指令積木的拼圖，讓你在無電腦的情況下，也可以練習操作。操作過程中，建議多多觀察，並在 Coding 過程中，多加模擬、多思維。思維是人腦對於外界事物之間接性和概括性之反應。

圖 2-3-26 線上版 Scratch IDE 才有的背包區與我的東西

從邏輯的學習過程中，我們強調，在 Coding 的操作過程中，許多事情看似相同，或是完全不同，實際是相似。同中有異，異中有同。世界萬事萬物從哲學高度來看，不是相同，也不是不同，是相似。

　　第一章我們強調學習的動機，本章重視實際的操作，並在操作過程中多加觀察，開始發揮邏輯的思維活動。凡事要懂得觀察，要知道如何分解和合併，並加入比較的活動。分解和比較叫做分析；合併和比較叫做綜合，這就是邏輯入門的開始。

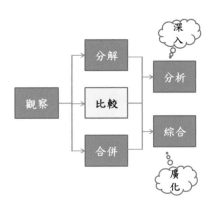

溫馨提示：
螺旋式的循環成長是很好的學習方法，為了學習「學習的方法」建議閱讀本單元時，再回頭仔細的研讀三個重要的章節：
　1-4　Scratch 可以是人生的模擬舞臺（39~40 頁）
　1-5　「教育的蛻變」必須用積木式的智慧來貫穿（41~43 頁）
　1-6　「教育的蛻變」的定位（44~45 頁）
將生活的、程式設計的、文化的三種 Code 融合在一起。

↺ 回顧重點

Digital 世界已經成為環境

1. 千萬別忘了，本章的標題叫做：「教育的蛻變」從哪裡開始？（從每個人最擅長的領域開始）。

2. 由自己擅長的領域開始，最有機會體驗，體會並進一層體悟其中的內容，進而能導出自己的學習方法，再用之於學生。

3. 別忘了，我們再三強調 Code 的重要，因有串流才能成為 Coding，而 encoding 和 decoding 是關鍵過程的體悟，也因此更容易理解邏輯的思維價值。

4. 科技創新，必須有文化的內涵才能久遠，今天隨著先進國家的腳步學習科丁（Coding）教育，別忘了從自己的文化開始。

5. 要真知力行，就必須深入的理解。

6. 要深入淺出，就必須開始學習邏輯。

回顧本章重點後，一定能體會到 Digital 世界已經成為環境。Digital 的數位環境，對我們的學習造成影響。「學習」將是我們社會必須面對的重要議題。

我們相信電腦會大幅度的精進孩子的學習方式，電腦的 Digital（數位）觀念和《易經》的陰陽概念都是 Code、Coding，將幫助我們思考。

Coding 和以前的程式設計比較起來，給予我們較大的自主空間，這是我們樂觀的一面。Coding 的個人化和可塑性，可以讓我們發揮天馬行空的想像力。我們和我們下一代的未來，將操之在自己。

本書著眼於提升讀者的能力，協助讀者參與未來的塑造，所以我們開始「邏輯」的概念。Coding 雖然未直覺教我們許多知識，Coding 的貢獻讓我們獲得可以增進學習的概念，尤其邏輯思維的鍛鍊。

◉ 前瞻未來

玩中學，學中玩

1. 從帝出乎震，到本章的齊乎巽，接著是第三章的相見乎離，強調不能完全依賴經驗。

2. 工作和學習除了經驗外，必須有創新的想法，我們對於知識必須有全盤的理解，對於智慧要懂得靈活的運用。

3. 第三章該是所有大人佇足思考的最佳時機，我們開始尋找「如何教？」「怎樣學？」的關鍵重點。

4. 因為我們懂得佇足思考，我們才有機會，有系統的「玩中學，學中玩」，或者是「做中學，學中做」。

5. 別忘了，下一章將開始指導我們如何根據「人事地物」和「時位」，對於知識有全盤的理解，對於智慧能靈活運用。

從巽卦（☴）到離卦（☲）是另類的深入，離卦（☲）重視的是「實況」。

1. 「實」是不作假，有確切的事跡。

2. 「況」指情景、境況。

3. 「離卦」重視「實況」，是真憑實據的情況。

溫馨提示：
為甚麼本書叫做《教育的蛻變》？
為甚麼要再加上一個副標題：
「卦爻符號 (Code) 在程式設計 (Coding) 上的運用」

創易客觀點

「老老師」的生活動能

陳茂璋

　　從 1980 年跟著老師學習，2016 年我退休了，老師還是「學不厭，教不倦」，他說：

　　當老師時間有夠長，在科技教育界的經歷有夠久，對於教育我不只從旁觀察，而且是實際的接觸和參與。這一切足以完整的回顧臺灣五十年來，電子、電腦、資訊和通訊的發展過程。

　　所以我寫這本書，趁此年假定稿，準備出版。

　　老師是一位真正謙虛的人，他自稱，今天之所以不放棄「創易文化」與「科丁教育」的合體，除了受溫世仁先生之感召外，他喜歡讀書，尤其對於「教育」和「電腦」方面的達人更是欽佩，他喜歡和這些智者「神交」，也指導我們如何「神交」。他說：

　　我佩服很多教育界和資訊界的達人，但是，除了溫世仁先生外，沒有一位臺灣教育界、科技界，企業界或政治界的人物，讓我對他如此懷念。溫先生不是教育界的人士，但比起臺灣許多教育界的達人他反而更教育。

　　在現在 Coding 教育的推動上，最令我敬佩的是 MIT 學習研究室的主任 Seymour Papert，可惜在 2016 年往生。我和他神交，他引導我參與相關科技教育的工作。他的真知卓見，讓我繼續相關的教育工作。他認為，推動教育的改變有三股偉大的力量：

第一股力量：是強而有力的企業資源。所以我接受劉文堂會長正式的邀約，樂當科丁聯盟協會的顧問，接受林口資源中心陳執行長德成口頭邀約的總顧問，從旁協助。

第二股力量：是學習革命。有機會從 2017 年 2 月 15 日開始，幫助南山學園培訓師資，或許因此對臺灣學習觀點的改變，有真正的助益。

第三股力量最強大：是兒童的力量。我們從沒有像現在這麼需要以孩子為「師」。孩子將為臺灣帶來新風貌、新文化。我親自參與「科丁教練和老師」的培訓，不只寫這本書，更寫《創易客寶典—科丁四部曲》入門、進階、登堂、入室四本書。

真正的用意不只是為「科丁教練或老師」，更為了眾多的家長和一些有學習潛能的優秀學生。但是，最期盼的是自認為是達人的教育界主管和有實際影響力的社會賢達。

一路走下來，我已見到「學不厭，教不倦」的老師群快速的增加。

創易客觀點

從概念到 SOP，深入淺出的表達

詹秋霞

老師幾十年深入研讀《易經》，最喜歡的是第十五卦，他寫了不少謙卦的內容，由秋霞代為整理，從概念到 SOP，深入淺出的表達。

秋霞一直在金融界工作，跟著施老師學《易經》，也學 Coding，現在將其在 FB 上 PO 出的文稿，有系統的整理出來。

第一篇：謙卦的智慧的引言

老師 1940 年出生，在我們的說法是二年級生，以七十七歲的高齡，寫「謙卦的智慧」，同時強調其中的 SOP。

望八之年，從靈猴到金雞，我不再需要做作的謙虛。

不敢說「桃李滿天下」，接近一甲子的老師生涯，到處都能遇到我教過的學生。

不敢說，自己有什麼長處，至少真正的做到「終身學習，終生成長」。

今天公開宣布，有夢想的老學生私訊我，最歡迎年紀不是很大的退休老師。

《周易》有六十四卦，第十五《謙》卦，其真諦不同於一般人熟悉的做作的謙虛。《周易》的謙卦，不但有智慧的概念，更有實踐人生智慧的標準作業程序（SOP）。

他常要我們千萬不要有計畫趕不上變化的錯誤概念。

計畫趕不上變化，不過，我現在的變化是自己「通變」後自主的變化，是主動的，是有成就感的自我變動。

謙卦由上下兩個八卦構成，下卦為艮，代表山；上卦為坤，代表地。指出地中有山，涵義是山高有容，願意屈居地中。表示有高度，有足夠資源的人，願意和人群共生，便於隨時隨地幫助別人。

有能力，有資源，自願屈居臺面下，便於衡量事物，懂得減有餘，補不足，是最知道權衡輕重，最懂得抉擇的人，終生幸福美滿。《易經》卦文稱：

象曰：地中有山，謙，君子以裒多益寡，稱物平施。

象曰：謙尊而光，卑而不可踰，君子之終也。

強調的是謙遜使人有尊嚴而且有光采，地位雖然卑下，但人格道德非常人所能超越，是真正的君子。所以君子能一輩子謙遜，一輩子幸福美滿。

他喜歡引用《易經》繫辭傳中的智慧，強調自立立人，自達達人。

《易經》繫辭下傳第七章：「謙，德之柄也；謙，尊而光；謙以制禮。」謙卦是自立立人，自達達人。

溫馨提示：

雖然本書內容是一段一段的呈現，內涵不是資訊，是有組織、有系統的知識，請回頭自我組織前兩章的內容。

第一章八節：

1-1 八卦是人生不同專題的濃縮

1-2 標題名稱很重要

1-3 快樂的人生戲幕

1-4 Scratch 可以是人生的模擬舞臺

1-5 「教育蛻變」必須用積木式的智慧來貫穿

1-6 教育蛻變的定位

1-7 HOC 的初步體驗

1-8 有自己文化的科丁 (Coding) 教育

第二章五節：

2-1 巽卦的深入淺出

2-2 真知力行的重要

2-3 談科丁教育我們有自己的想法嗎？

2-4 Scratch 的下載與安裝

2-5 Scratch IDE 的操作與認識

第三章 不能完全依賴經驗

必須有創新的想法和對於知識和智慧的理解

。因為媒介不同，每個人有不一樣的自我意識。

。要努力讓自己有超越自我意識的媒介認知。

。必須對於資料、資訊、知識和智慧有遞廻的創新想法。

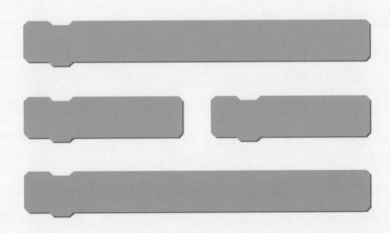

從第一章「帝出乎震（☳）」，強調「新時代、新動力的創新動機」，到第二章「齊乎巽（☴）」指出「教育的蛻變」要從每個人擅長的領域開始。

現在進入第三章「相見乎離（☲）」，大家一起努力學習，希望有創新的想法，有系統的知識認知，同時能夠靈活的運用智慧。

「相見乎離」指導我們要多方向的探索，才能獲取深層的智慧，當為我們行動的指南。

「相見乎離」是實際工作的前奏，並非個人單獨埋頭工作的行為。「離（☲）」為火，是光明磊落的和其他人一起找到事物的真相，然後在相同的目標下，合力工作。

離字是抽象的，由具體的「火」的現象衍生而來的。

火是物質燃燒時，所產生的光和熱，火熾是火力熾熱，火是明亮而且澄淨的現象；火化是以火蒸物；火食是用火蒸熟食物來吃，火因為得薪之助燃而熾熱；也就是說火上加薪，燃燒更烈，用來比喻處於得勢之地。

要把離這個字和教育串接在一起，要多費一點心力。由「相見乎離」四字一起探討會比較容易。

相字是審視，也就是仔細看，是用來辨察人的形體神色，以判斷他的命運，也就是看相，是占視，辨察一切事物而知其善惡優劣，是輔助、扶助，是交互、互相。

由上推知「相見」兩字並非只有相互看得見而已，還必須對於彼此的形體、神色、相互察覺得很透澈。「乎」字就是「於」的意思。「相見乎離」合起來是說，雙方彼此間要察覺得透澈，必須依賴「離」卦。

3-1 輔導的價值

學生的學習，老師不得脫離自己輔導的角色。

老師輔導學生時，該輔導時要輔導；不該輔導時要旁觀。旁觀不是在旁邊看熱鬧，而是關心的諦視，諦是言和帝兩字的合成，言要能說，帝要有權威，權威是權力加上威望。威望常常來自於老師的能力和熱心，威望重於權力。有威望的老師輔導時，既詳細，又能審慎的說出口。諦視是仔細觀察；諦聽是集中注意力來聽；真諦成了至理名言，本章從「離（☲）」卦開始，離卦重視實況：

1. 實是充滿，真實，不作假，有確切的事跡。
2. 況是情形，境況。
3. 離卦的實況是真憑實際的情況。

今天資訊發達，許多實況可在網路上呈現，老師要退居到第二線。老師退居輔導的角色，並非老師的工作減輕了，而是老師的本領加強了，能隨時給予學生臨門一腳的指導。本文以「相見乎離」引申出「老師輔導」，使自己成為清晰又有智慧的角色。

「離」這個字，與學生的關係最有牽絆，既合又能分，若即若離。

學生是主體，是巽（☴），巽像風，是有彈性的；離是老師的輔導角色，像火，給予學生光明的照耀。火向上，使風跟著向上，熱氣球最容易解釋。

老師的不斷向上學習，正是學生向上的最佳保證。老師進步，家長進步，學生跟著進步。

3-2 Scratch 的動畫案例

　　有系統的「玩中學和學中玩」，將為我們帶來快樂有意義的學習。任何事物的工作和學習都有一套有效的方法。其中邏輯方法中的分類和歸類是首先要學習的重要方法。而如何根據「人、事、地、物」分析情境，按照「時、位」完成動畫，剛開始時，必須先有一些「嘗試和借鏡」。

第一個動畫：讓貓咪動起來

（一）場景設計構想：

在 Scratch 上，Costumes 和 Backdrops 可以輪流運用。
Backdrops 是背景布幕，當場景用。而 Costumes 是服裝式樣，引申為角色的造型。

（二）使用元素：

背景	school1
角色	造型 1　　　造型 2
音效	meow

（三）程式碼：animation.sb2

最上層

「造型」其實是一個衍生字義，Scratch 本來的用語是 Costumes，意思為服裝、服裝式樣，引申為不同的造型。
本作業有二個不同的造型。

第二個動畫：會跳舞的貓咪

（一）場景設計構想：

（二）使用元素：

背景	Spotlight-stage
角色	造型 1　　造型 2
音效	meow、dance around

（三）程式碼：cat-dance.sb2

第三個動畫：貓咪跑步

（一）場景設計構想：

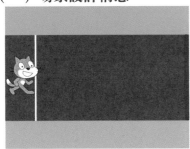

（二）使用元素：

背景	school1
角色	造型 1　　造型 2
音效	meow

（三）程式碼：cat_jogging.sb2

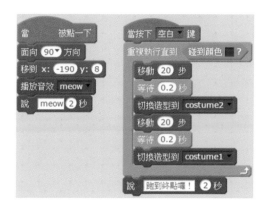

第四個動畫：貓咪賽跑

（一）場景設計構想：

Race 是速度競賽，Racing 又是一個加了 ing 的字。Game 是一局、一盤或一場的競賽。

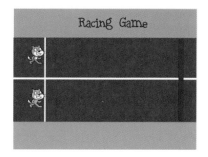

（二）使用元素：

背景	track					
角色	cat1	cat1-a / cat1-b		cat2	cat2-a / cat2-b	
	endline	endline-1		text	text1 Racing Game	
音效	meow					

（三）程式碼：cat_Racing game.sb2

cat1 程式

endline 程式碼

102

cat2 程式碼

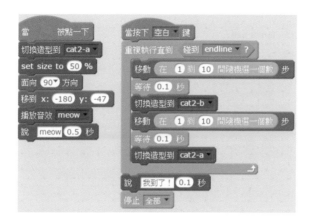

第五個動畫：網球

（一）場景設計構想：

（二）使用元素：

背景	brick wall1		
角色	tennisball	paddle	text1
			GAME OVER!
音效	Water drop、chord		

（三）程式碼：Ball.sb2

Tennis ball

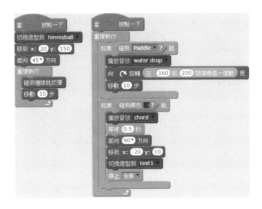

Paddle

第六個動畫：打恐龍

（一）場景設計構想：

（二）使用元素：

背景	moon	
角色	Dragon	
音效	Water drop	

（三）程式碼：Hit Dragon.sb2

總結：這裡提出了六個動畫，實際上用到的指令積木並不多。

1. 場景的變換（Backdrops）。

2. 角色的更改（Costumes）。

3. 角色位置的設定（Set）。

4. 角色的移動（Move）。

5. 聲音的呈現和音量的控制。

有了這些初步的基礎後，應該努力發揮自己的想像力，和生活的空間連繫在一起。

溫馨提示：

螺旋式的循環成長：

1-4 Scratch 可以是人生的模擬舞臺（39~40 頁）

1-5 「教育的蛻變」必須用積木式的智慧來貫穿（41~43 頁）

1-6 「教育的蛻變」的定位（44~45 頁）

建議你，最好提升自己的思維高度。

3-3 《易經》的高度思維

人類最大的困境是很容易被自己的思想給困住。就像「如果過分迷戀一個特定的對象，心靈成長會被困住一樣。」

「理性的人改變自己去適應環境，非理性的人，想要改造環境來適應自己，有理想的人，讓環境成為人人皆適應發揮的環境。」

抽象是思考之母，抽象是美、抽象是大，抽象無所不包，所以最有樂趣。你試過在具體的人生中，加一點抽象嗎？

抽象和具體你能拿捏得很恰當嗎？

現在 Coding 的結果，固然可以讓我們很有美感又很具體的得到理解，不過留下的想像空間有限，很難讓我們想像力有發揮的空間。相反的，文字能夠激發意象和隱喻，能夠從想像和經驗中衍生出豐富的意義。而抽象的東西在某些時地上更能讓我們透過虛擬與具體的互動，而衍生出人生進步的動力。「應無所住而生其心」此之謂也。

Coding 的過程很有意義！

思維是人腦對於外界事物之間接性、概括性之反應，Coding 可以幫助思維。

思維的概括性是指思維不僅能夠反應個別事物，也能反映一「類」事

物；不僅能夠反應事物偶然的、非本質的屬性，也能反映出他們共同的本質屬性。所以，要能夠將事物分門別類，必須要有謹慎而縝密的思維，來找出事物的本質屬性。

人類為了本身的生存和發展，要探索本身具有的思維能力；為了同樣的目的，也必須放寬視野與心胸，去「思維」宇宙自然的和諧互動。「靜觀自得」是很好的境界。「道在悟真」，悟是內省的思維。

本書在 Coding 的學習上，除了 Scratch 在電腦上的積木指令外，我們加入了紙品的拼圖。拼圖和組合積木相似，其相似點是：他們都需要思維，所以間接性、概括性的反應是必須的。

拼圖和組合積木不同的是：組合積木時需要選擇，別人為你設計的拼圖不需要，自己設計的拼圖需要懂得取捨。組合積木時，選擇的拿捏取捨，才是整個過程的精華，多數人忽視拿捏的「神」。

個人、家庭、種族、城市、國家、地球，整個小型、中型、大型、巨型的積木，一塊一塊組成一個一個小部分，一小部分一小部分組成一個型，一個一個的型組成一個一個複合體。每一個部分的組合、連結、選擇，都需要高度的思維和謹慎拿捏，鏈是關鍵。

真正有高度的思維是「虛實」並重；是懂得積木的運用。

3-4 虛擬的實體

21 世紀交替之際，人類社會又從資訊社會轉入了知識和智慧生產的社會。我要告訴 Coding 的朋友，「創客」需要知識和智慧的配合。

人類幾千年來留下的經驗和智慧，是一筆數字驚人的銀行存款，可以讓有智慧、有知識的人取之不盡，用之不竭。道理很淺顯，蘊含在其內的只是一個「虛與實」的重要概念。

人生許多事物看起來很複雜，其實只是在虛實之間變魔術而已。正是：
闔戶謂之坤，
闢戶謂之乾。
一闔一闢謂之變，
往來不窮謂之通。

我們人類當下的經驗和知慧就像一筆數字驚人的銀行存款，取之不盡，用之不竭。虛實交替的概念是生生不息的。

1. 其實從銀行「存款」的概念，很容易解釋虛實的互動概念。例如，存款把錢存進銀行後，將錢轉化為數字並記錄到存摺內，這是把實體轉化為虛擬，可用「**實體→虛擬**」表示。

2. 「記帳」就是從甲帳戶轉出一筆金額至乙帳戶，只是在甲帳戶中記錄一筆支出的數字，而在乙帳戶中記錄一筆收入的數字，是把虛擬轉成虛擬，可用「**虛擬→虛擬**」表示。

3. 「提款」則是把記錄在帳戶中的數字提出，而當我們提了款項後，

在記錄上多了一筆支出的數字，而我們拿到的是實體的錢，這是從虛擬轉成實體，可用「**虛擬→實體**」表示。

4.「換鈔」卻可這麼說，如果我們拿仟元鈔票到銀行兌換百元鈔票，這是實體轉成實體，可用「**實體→實體**」來表示。

剛才我說的話，也可用另一種方式來表示，詳如下表。

交易項目	行　　為	狀　態
存款	錢存進銀行後，將錢轉化為數字，記錄到存摺內。	實體→虛擬
轉帳	從甲帳戶轉出一筆金額至乙帳戶，只是在甲帳戶中記錄一筆支出的數字，在乙帳戶中為一筆收入的數字。	虛擬→虛擬
提款	當我們提了款項以後，記錄在帳戶中的數字，多了一筆支出的數字，而我們拿到的是實體的錢。	虛擬→實體
換鈔	拿千元鈔票到銀行兌換百元鈔票。	實體→實體

萬事萬物都有內容和形式；相同的內容可以用不同的形式來表現；相同的形式也可以放入不同的內容。我們如果懂得這些虛實轉換的原理，便可更進一步的應用。

虛擬實境（Virtual-Reality）不也是這種想法的應用而已嗎？

古今中外，虛擬與實體之轉換，散見各處，並不罕見。

動畫：「《易經》八卦」
（一）場景設計構想：

（二）使用元素：

背景	I-ching-1	先天八卦
角色	arrow1-a	

（三）程式碼：I-ching.sb2

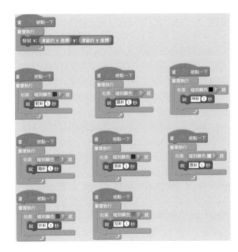

3-5 「創易文化」與 Scratch 融合的體驗

「創易文化」如何透過 Scratch 和科丁教育融入在一起教學？現在是開始討論的「時」、「位」。

一位出神入化的「科丁教練」第一個工作就是消除學習者的恐懼感，接著就是提升學習者的樂趣，這些都必須對「科丁」有深入淺出的功力。

為了讓更多人消除「程式設計」的恐懼感，我們用「寫程式」替代。讓「寫程式」像講故事、寫故事一樣簡單，當然，簡單的事物也必須有邏輯的順序。

現在，我們可以用 Scratch 指令的拼圖預先模擬，未在電腦執行前，先有邏輯的檢討其過程。

Coding 的學習，必須有系統觀，若未具有整體的系統觀，則：

在某一個點中，接觸不到另一個點。

在某一線段中，接觸不到另一個線段。

在某一平面中，接觸不到另一個平面。

有整體系統觀的一個物體，有領域的能量、能接觸到所有的點、線和面。有整體的物體觀，加上系統的場域能量，相關的資源，有機會為我們所運用。所以，我們必須跨領域的將「創易文化」和 Scratch 的教學融合在一起。

資料、資訊、知識和智慧是有智慧的螺旋式學習四個遞迴結構，我們以太陰、少陽、少陰、太陽的符碼來表示，科丁 (Coding) 和《易經》是一碼子事，可以併讀精進。

一、四象的螺旋式學習結構

現在我們試以 Scratch 來製作四象的螺旋式循環學習結構。

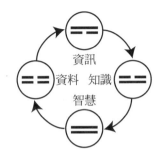

二、《易經》概念從 Scratch 開始

（一）認識無極、有極和太極

太極

（二）兩儀和「爻」的編碼

陽爻　　　　　　　陰爻

（三）四象的編碼和解碼

太陽　　少陰　　少陽　　太陰

（四）什麼是動爻？

3-6 科丁教育的練習，也可以詩詞、文學作為題材

「科丁教練的培訓」談程式、讀邏輯；談王道，也學語言的概念。許多人喜歡談「道」，更喜歡「王道」，最近「程式教育」在世界很夯。有人稱「未來懂程式邏輯才是「王道」」。這句話，除了要深入了解什麼是程式？什麼是邏輯？什麼是「王道」外，還必須充分的了解語言的概念。

「自然語言與程式語言」，並非全部是理論的課程，科丁的教學強調學習必須有實際的動手經驗，重點在「自然語言與人造語言」，最終並落實到「程式語言」上。我們以下面的流程大致表述本章的內容和過程。

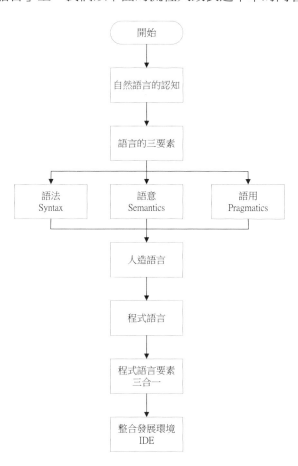

　　既然「寫作」和「科丁」是一碼子事，談科丁從寫作開始是很自自然然的事。人類的寫作由自然語言開始，人與自然對話的語言就是自然語言。人、動物、植物、四季、山水是最容易觀察得到的自然界現象。而人類的生活更是最具動態的自然現象。將一些表示豐富的詩詞，用自然語言，也用程式語言表達，也是很自然的事。把它們可當為科丁教育推動的題材，也是很自然的事。例如：

一、《詩經》中的「伐木」：

伐木丁丁，
鳥鳴嚶嚶。
生自幽谷，
遷於喬木。
嚶其鳴矣，
求其友聲。

　　這首詩描述樵夫伐木的聲音和鳥兒的歌唱相應和，看見鳥兒飛出幽谷，遷到高地的樹上居住。在那兒發出求友的叫聲。今日人們在遷居時常用「喬遷之喜」相互祝福。

　　《易經》為五經之首，孔子曾作《十翼》。《詩經》是五經之一，《詩經》的內容豐富，作者不止一人，孔子曾加以整理。《詩經》分成風、雅、頌三部分。風是諷誦，不能歌唱的各國民謠，雅是古代貴族集會宴客時唱的詩，頌是有歌有舞的祭祀詩歌。今日「科丁教育」何必只專注在機器人等科技產品上，科技始終來自於人性，科技與文化何不合而為一。

　　今天我們倡導的「創易文化」，也是一種這類的實例方向，是以《易經》的智慧當為平臺。

二、唐朝白居易的「觀遊魚」

遶池閑步看魚遊，
正值兒童弄釣舟。
一種愛魚心各異，
我來施食爾垂鉤。

許多人都喜歡欣賞魚兒水中遊。今日我們可以用 Scratch 動態的真實呈現：繞著池邊欣賞魚兒在水中遊，同時見到兒童要垂釣取樂。同樣都是一般愛魚的心，想法的表現卻不一樣，我放下食物讓魚吃，你卻放下魚鉤垂釣。

白居易的詞很通俗，他的詩歌一直很受人喜歡，今天，我們一起推動 Coding 教育，凡事何必要完全相同？本書也可以從詩歌的描摩出發，本書為科丁老師和教練留有很大的自由抉擇空間。

三、唐朝白居易的「草（送別）」

離離原上草，
一歲一枯榮，
野火燒不盡，
春風吹又生。
遠芳侵古道，
晴翠接荒城，
又送王孫去，
萋萋滿別情。

看見原野上本來茂盛的青草，每一年總有一回旺盛，一次衰敗，聯想出野火無法將它們燒光；每年，在春風的吹拂下，又會繁盛起來。他又看見，遠處的芳草，從兩旁向古道中間滋生，晴空下，翠綠的草地和荒涼的城堡接在一起。他又想起要送自己尊貴的朋友離去，離別的情意，就像青青的草地一樣，永無了時。

今日以「科丁老師或教練的老師」身分撰寫本書，絕不能落入沒有人性的科技範疇中。白居易由植物的自然生長，提示我們邏輯的聯想案例。尤其讓很多人欣賞詩中開始的一段話：「離離原上草，一歲一枯榮，野火燒不盡，春風吹又生。」

四、唐‧孟浩然的「春曉」

春眠不覺曉，
處處聞啼鳥，
夜來風雨聲，
花落知多少？

孟浩然詩人本色。春宵貪睡，不知不覺間天已經亮了，到處聽見鳥啼聲，又回想到昨夜聽到的風雨聲，擔心不知又有多少的花兒落了。

　　孟浩然喜歡歌詠自然事物，他的詩很自然，很幽美。這首詩只有二十個字，許多人都能歌誦。

　　我們今天學習科丁（Coding），何不和自然界融合在一起？何不多花一點思緒在自己文化的思想上著墨？

五、宋朝‧范仲淹的「蘇幕遮」

碧雲天，
黃葉地。
秋色連波，
波上寒煙翠。
山映斜陽天接水。
芳草無情，
更在斜陽外。

天上飄著碧色的雲，地上落滿黃葉。秋天的景色和水波連在一起，水波上籠罩著翠綠色的寒煙。

斜陽映照在山上，水光連接著天空。芳香的草無情，在眼前滋生，更長到斜陽之外。

　　蘇幕遮是詞牌名，名字來自一種少數民族的服飾，有一定的平仄。用「碧、黃、翠」三種顏色描寫秋天和諧寧靜的美景。

　　在科丁教育上，我選范仲淹的詞，因為他在鎮守邊疆時，羌人稱之為「龍頭老子」，西夏人稱之為「小范老子」，「軍中有一范，西夏聞之心膽寒」。他立志「先天下之憂而憂，後天下之樂而樂」而令人敬佩。

　　跨領域的學習「科丁」是我們所強調的，何不用 Scratch 描摹其情景？

六、元朝‧無名氏的「江天暮雪」

彤雲布，
瑞雪飄。
愛垂釣老翁堪笑。
子猷凍將回去了，
寒江怎生獨釣？

天空布滿紅色的雲彩，冬雪不斷的飄落。可笑的是，一個老翁，不畏寒冷還在垂釣，就是曾在雪夜訪友的王子猷，也會因受不了寒凍折回家去，在這樣寒冷的江中，怎能獨自垂釣？

　　唐詩、宋詞、元曲，「創易文化」與「創客」合而為一，「創客」可以是另類的文學作品。在 Coding 的過程中，可以如此曲一樣，借用子猷雪夜訪友受不了寒凍，增強愛垂釣老翁不怕冷的本事。

溫馨提示：
科技創新，必須有文化的內涵才能久遠；今天隨著先進國家的腳步學習 Coding 教育，別忘了，可以從自己的文化開始。

3-7 Scratch 的再利用與融合 （reusing and remixing）

　　真正的教育蛻變，是在經歷一段學習過程後，樂意發覺學習的樂趣。我們有義務拋磚引玉為讀者開一個頭，引起大家樂意不斷自我精進。

（一）探索發現

　　1. 循序漸進：Step-by-Step

https://scratch.mit.edu/studios/475476/

　　2. 十個程式積木：10 Blocks

https://scratch.mit.edu/studios/475480/

　　3. 關於我：About Me

https://scratch.mit.edu/studios/475470/

　　4. 我的工作室：

　　（1）My Studio：https://scratch.mit.edu/studios/211580/

　　（2）Sample Arts Projects：https://scratch.mit.edu/studios/138296/

　　（3）Sample Stories Projects：https://scratch.mit.edu/studios/138297/

　　（4）Sample Games Projects：https://scratch.mit.edu/studios/138298/

（二）動畫

　　1. 音樂創作：Build-a-Band https://scratch.mit.edu/studios/475523/

　　2. 橘色正方形、紫色圓形的創作：

Orange Square, Purple Circle https://scratch.mit.edu/studios/475527/

　　3. 動起來了：It's Alive! https://scratch.mit.edu/studios/475529/

　　4. 音樂影片：Music Video https://scratch.mit.edu/studios/475517/

（三）故事

1. 人物：Characters：https://scratch.mit.edu/studios/475545/

2. 對話：Conversations：https://scratch.mit.edu/studios/475547/

3. 場景：Scenes：https://scratch.mit.edu/studios/475550/

4. 故事接龍：Pass It On：https://scratch.mit.edu/studios/475543/

（四）創造遊戲

Games：https://scratch.mit.edu/studios/487504/

1. 迷宮 Maze Starter：https://scratch.mit.edu/projects/11414041/

2. 乒乓 Pong Starter：https://scratch.mit.edu/projects/10128515/

3. 卷軸 Scrolling Starter：https://scratch.mit.edu/projects/22162012/

4. 紀錄得分 Fish Chomp-Starter Project：

https://scratch.mit.edu/projects/10859244/

5. 延伸變化 Extensions：https://scratch.mit.edu/studios/475619/

6. 互動 Interactions：https://scratch.mit.edu/studios/487213/

（五）深入沉潛

1. 影像偵測 Advanced Concepts：

https://scratch.mit.edu/studios/221311/

2. 分身 Clone Examples：https://scratch.mit.edu/studios/201437/

↺ 回顧重點
人文與科技是相容的

雖然說，「人生有涯，知亦無涯」，站在哲學高度，許多不同的事物可以歸類為一碼子事。

複雜的事情，往往只是簡單概念的組合與推衍；簡單的事情，常常隱含著複雜的關係與脈絡。

把《易經》的精髓和 Scratch 放在一起似乎不可思議，其實不過是人生大戲的濃縮，其中的重要元素，就只有 0 和 1，陽爻和陰爻，ON 和 OFF 等相似的簡單概念。

科技發達，人類文明進步加速，科技提供人類各種方便的工具，如果缺少人文心靈的滋潤將是空虛無助。人文和科技，心靈和邏輯之間有許多值得相互交流的空間。

例如 Scratch 的 Script、Costumes、Sounds 三個字是否值得和人類日常生活中的思想扣接在一起。Costumes/Backdrops 放在一起值得深思。「動作、外觀、音效、畫筆、資料、事件、控制、偵測、運算、更多積木」等十項操作是否也值得和生活中的行為一起併論。

Scratch 的研發是不是只能從 MIT Lab 中的「The Lifelong kindergarten Group」開始起算？

在 Scratch 的真正運用上，是否應該包括人類寫作的各種領域？學習的重點是否不能忽視人類日常生活中的語言？不管是自然語言還是人造語言。

所以 Coding 的 教 育，絕 對 不 能 忽 視 IDE 這 三 個 字，Integrated Development Environment，也就是人類整個發展環境必須善加把握。

我們生活在這個客觀的物質環境裡，就要天天接觸這個環境，就必須時時刻刻增加新知識、新經驗、新技能和新思想。知行必須合一，知從行而來，知就在行裡，行從知來，知行不能分開。

我們必須牢記，科技的分工雖然精細，日常的生活必須注意「通用性的價值」。

Coding 是 0 和 1；《易經》是陰和陽，機器人代替人類工作，群經之首的《易經》指導我們有方向的快樂生活。

溫馨提示：
Coding 的學習，真知力行，才能有真實的價值，要能「真知力行」，凡事必須深入的理解，要深入的理解，淺出的呈現，必須開始學習邏輯。

◎ 前瞻未來

不是冗餘，是要點的再三精煉

「易」不只是《易經》的「易」，有容易、變易，還可和 e 時代的 e字扣接在一起。

學習 Coding，千萬不要被「窄化」的 Coding 機器人的錯誤成見所左右。《易經》不是用來卜卦算命而已，他的哲學價值在於指導我們如何用「簡」和用「易」，並進一步用來當為跨領域的平臺。

第三章還是鎖定在 Scratch 的技術，並且用「八卦」提升「用簡」和「用易」的功力，來擴展它的思想和知識領域。

偶然和必然是太極下兩儀的一環，可以衍生四象和八卦，在「必然的必然的必然」序言上的申論，可以在這裡更行深入。我們設計的牌卡，又可以成為第三章的學習重點。

不是冗餘，是要點的再三精煉。《易經》中的兩儀；可以是偶然和必然。《易經》中的四象，是偶然的偶然、偶然的必然、必然的偶然、必然的必然。同一個 Code，可以有無限的創「易」。

資訊科技的五光十色，細看其中，不過是 0 與 1 的組合，與 R G B 紅、綠、藍三原色的混合罷了。

偶然的偶然　　偶然的必然　　必然的偶然　　必然的必然

創易客觀點

謙卦的 SOP

詹秋霞

陳茂璋老師，跟著老師三十幾年，最能了解老師對於任何事物，不但重視概念，更注重「知行合一」，而且重視標準作業程序 SOP。

謙卦最有價值之處，不是只有智慧的概念，更有終生幸福人生的標準作業程序（SOP）。和六十三個其他人生專題的卦一樣有六個階段：

第一，初六，謙謙君子，卑以自牧，利涉大川。

指出謙虛的君子，能執行任何大事，卦文用古時候最困難的大事「利涉大川」來比喻。第一個階段必須懂得卑微的自律，自然一輩子吉祥快樂。

第二，六二，鳴謙，貞吉，中心得。

指出到了第二個階段，謙遜必須表現出來，以取得外人的共鳴，卦文用「鳴謙」表示。鳴謙時要堅守正道，鳴謙的內容必須來自內心真誠的心得。也就是說，必須已經體驗過，也已體會到，更是真正體悟的心得。

第三，勞謙君子，萬民服，有終吉。

到了第三階段，成為一位「勞謙君子」。勞謙君子是勞苦功高又謙遜的君子，得到眾多民眾的信服，終身如此，必然終生幸福吉祥。

第四，無不利，撝謙，不違則。

到了第四階段，必須有能力「撝謙」。撝是揮，揮是發揮，就必須懂得更多，撝謙是因為範圍擴大，更能發揮謙遜的美德，但是，必須不違反

天則，結果是無所不利。

第五，不富以其鄰，利用侵伐，征不服，無不利。

到了第五階段，必須很積極，爻文中，甚至於用了「利用侵伐，征不服」的字眼。表示到了第五階段，不單以德服人，還可以用武力。強調即使自己不富有，也要照顧其近鄰。為了近鄰好，必須導正他們。對於不願向善的近鄰，為了他們好，善意的征伐，令其心服口服，不會不利。

第六，鳴謙，志未得，可用行師，征邑國。

到了第六階段，謙虛的名聲已經遠播，更必須擴大範圍的取得共鳴。這個階段，如果未能實現謙遜的願望，可以組織人脈共同打拚。

謙遜由自立立人，自達達人，由個人的謙遜，到團隊組織的謙遜。

老師不再做作的謙虛

老師一輩子真正做到溫良恭儉讓，不過，老年告誡我們：「功德是指做任何事物，必須有功，也就是有成就，才能叫做功德」。他自稱老年，他努力實現他對謙卦 SOP 第五、六階段的社會功德。他說：

因為謙虛的真諦，讓我敢於表現自己，因而能對社會有些微的貢獻。今天也敢不慚的聲稱，自己已進入自己謙虛範疇的第五和第六階段。

對於科技和人文融合在一起的教學，老師有一份揮之不去的感情，更有一份濃濃的使命感。

科技始終來自於人性，人性化科技書籍的寫作一直是我的最愛，幾十年來這方面的寫作不遺餘力。

任何事物很少是突變的，從 1970 年代的《三用電表》、《示波器》到 2017 年的「人性化科丁」的寫作，有必要細說老師寫作的舊帳，才能

翻新「現代科丁」的軌跡，有效的推動「科丁教育」。

1970 年代的《彩色電視機》，1980 年代的《大家都來學電腦》，1990 年代的《個人電腦技術四部曲》，2000 年代的《易經同心工程》，到今天的《創易客寶典》，有義務將其一貫的系統化。

幾十年來，他的工作在科技和哲學的領域中交叉，有時間為這樣的教學工作深思，現在是傾囊而出的適當時、位。

高科技產品進步，人生哲學必得跟着升級，高科技的知識汰舊率很高，更需要哲學層面的智慧結構，需要人性化的精神滋潤。

謙卦上卦為坤，下卦為艮，從日常生活而言，是「上實下虛」；反一個角度，從哲學的高度而言是，「上虛下實」。謙虛的真諦必須是「上虛下實」的真功夫，是人生「沾、連、黏、隨」快樂生活的最高境界。他嚮往，他努力，尤其是「隨卦」給他更多「隨」的智慧。

能沾的知識，必須能連；能連的知識必須能沾。

能沾能連才能黏，能沾、能連，能黏，才有機會一輩子跟隨。謙卦真諦的標準作業程式（SOP）就在「沾、連、黏、隨」的一以貫通。

他強調，他寫本書是他幾十年來，對於「謙卦」體悟後的真正著作。有必要盡早和朋友分享。

第四章 新時代的創新活動

讓孩子開始行動，累積有價值的成果

◦ 現在是資訊和通訊網路的新世代。

◦ 數位（數字，digital）設備開始替我們執行許多需要人類思
  想解決的問題和事物。

◦ 讓我們的孩子提前行動，累積功力，能開始掌握這些 digital
  設備。

從帝出乎震、齊乎巽、相見乎離，到「致役乎坤」，開始真正新時代的新生活，必須讓孩子展開行動，累積成果。

新時代的特點就是變化快速，孩子的成長必須依賴活動中成果的累積。成果的累積如果完全依靠「嘗試錯誤」的修正，有時並非真正有效率。我們加入《易經》文化，真正的核心價值在其「積木」的思維，有其深意。

我們從積木的概念開始，科技的概念，就從科丁（Coding）談起，重心都在積木。

《易經》中的兩儀、四象、八卦和六十四卦都可看成是典型的積木。包括你我在內，所有的萬事萬物，都是宇宙大遊戲場裡的一塊積木！

當用積木組成一個巨大的城堡時，誰比較重要已經不是重點，真正的重點是同一批積木，可以不斷變化組成新的東西，它們可以一再的使用。積木非常容易組合，它們每一塊各有不同的形狀與尺寸，都可以互相銜接，而且屢摔不破。我們可以利用積木組成任何東西，然後將其拆開，再將之組合成其他的新東西。積木的確是相當巧妙的東西，整個宇宙也是如此巧妙。

科技的學習、創新和創客從蜘蛛人的概念開始，從積木組合的 SOP 逐步實踐。

本書從科丁的思維開始。思考可以由具體的事物延伸而來，思考的層次可以訓練出來！

4-1 從亞里斯多德的工具論開始

亞里斯多德寫了一本很好的《工具論》（Organum），「Organum」這個字也常用成 Organon。亞里斯多德所提倡的「工具論」和 Tools 不一樣；和 organic 同一來源。是能生長的、器官的、有機性的。延伸成為 organism，是有機的組織體，是社會性的組織體。

我們生活中的對象很廣泛，可以是單一事物，也可以是「類」事物；可以是客觀事物，也可以是抽象的人為事物或主觀的感覺。

可以是同一層次的事物，也可以是不同層次的事物；可以是事物屬性的不同方面，也可以是事物發展的不同階段。

我們認識的過程可以是客觀的，那是共同性的；可以是主觀的，那是各取所需。

本章從這個角度出發，把 Scratch 當為現代的工具論。這個工具論不是革命，是不斷的蛻變而來。不是 Mitchel Resnick（米契爾・瑞斯尼克）個人的成就，是 Jean Piaget（皮亞傑）、Seymour Papert（西摩爾・派普特）一路延伸而來的成就。不是單純的科技產物，有人文教育的貢獻在其中。

本書不厭其煩，反覆申論教育相關情節，重在「貽厥嘉猷，勉其祗植」。貽是贈送，也當留傳解；厥是那個、這個，相當於其字；嘉猷是好的謀略和計畫，勉是勉勵，其是指子孫後代。祗是樹根，植是植物，動詞當栽種解。祗植是在使根基深固，不易動搖，也就是想將經典中美好的訓示、教誨留給下一代，並勉勵他們常留於心中。

祗是恭敬，植是樹立，勉勵子孫們要謹慎小心立身處世。

對我自己所發的願是：「備課攻書蠶咀葉，傳經解惑繭抽絲」；對於學生的期許是：「納百川之流成大海；通千古之典顯高才」。

教育有其階段性，而在學習的階段，要鼓勵學生聆聽別人說話，要能覺察其中的道理；而且要能從說話者的面貌臉色判斷情境。這正是效法千字文中所謂的「聆音察理，鑑貌辨色」。

幾十年前強調「一技在身，終身幸福」，今日仍然「不變」，是「不易」。時代變了，工作變複雜，現在必須加上跨領域、跨行業的整合，在「不變」中有「變」。

人生在反省中，總是面臨抉擇。有時是「變通」，有時是「通變」，有時跟別人一起「會通」。

1. 變通：「窮則變，變則通」指因為窮途末路，不得不變化；因為「變」才有機會「通」，是「變通」。

2. 通變：因變通而能「通變」。能「通變」就不再「窮」，並保證往後能「變」且一定能「通」。

3. 會通：「通變」的「通」由「會通」而來，也就是適應不同事物發展的「變化」而進行變革。

4-2 Scratch 是現代的工具論

易有太極，是生兩儀，兩儀生四象，四象生八卦，八卦定吉凶，吉凶生大業。

「隼者，禽也；弓矢者，器也；射之者，人也。君子藏器於身，待時而動。」——《繫辭下傳第五章》

學習科丁，尤其是以 Scratch 當工具，可以做這樣的比喻：

「計畫目標像飛禽一樣，不斷快速移動，

弓矢是打獵的利器，不可或缺，

射箭的是人，必須隨時充實自己，

弓矢不得離身，

等待時機成熟，展開行動。」

今天學習 Coding 以 Scratch 當工具，我們是使用者，當然必須熟練，而我們的計畫目標又是不斷變化，所以我們需要更熟練，而能隨時隨地的運用。有興趣的讀者，也可以用這段話，當 Scratch 的製作題材。

不管是「數位」或「數字」，都是翻譯不同，名稱相異而已。Coding 的核心是 0 與 1 兩個元素，稱為「數位」或「數碼」或「數字」。古時候叫「數碼」，大陸叫「數字」，臺灣叫「數位」。

1995 年，Nicholas Negroponte 由 CORONET BOOKS Hodder and Stoughton 出版《Being Digital》一書。強調「計算不再只和計算機相關，

它決定我們的生存」。這本書，在 1996 年 7 月，被《Time》周刊列為當代最重要的未來學家之一。

Negroponte 為美國麻省理工學院教授及 Media Lab 的創辦人，同時也是《Wired》雜誌的專欄作家。西方媒體推崇他為電腦和傳播科技領域最具影響力的大師之一。

《Being Digital》描繪「digital technology」為我們的生活、工作、教育和娛樂帶來了各種不同的衝擊，及其中值得深思的問題，當年是跨入「Digital」世界的最佳指南。英文版曾高居《New York Times》暢銷書排行榜。

書中強調，信息（information）的 D N A，正在迅速的取代原子而成為人類生活中的基本交換物。書中由「Bits are Bits」的第一章開始，接續的各章強調電視機和電腦螢幕差別很小，用我慣用的話來說：「不是兩碼子事，是一碼子相同的事」。大眾傳播媒體正演變成個人化的雙向交流，「information」不是「push」給消費者，相反的，需要的人將 information 取過來（pull），參與其間的串流過程，在活動中，創造自己的需求。

本書從 Negroponte 的「Media Lab」延伸到其組織下的「The Lifelong Kindergarten Group」的「Scratch」語言。

「Scratch」是專為 8－16 歲的兒童及初學者所設計的程式語言，透過圖形化的指令，增加寫程式的樂趣，寫程式者只要懂得程式的每個動作，雖是一塊一塊的積木，只要有邏輯的將積木組合在一起，就是一段一段的程式。

利用一段一段的程式可以創造出賀卡、互動的故事、動畫、遊戲、音樂、藝術作品、指揮機器人動作。從教育的觀點而言，可以從中訓練邏輯，培養創意，擴大知識領域，又能讓寫程式變得很有趣，當為職業級程式設計師的基礎。

這些基本能力和價值對於初學者而言已經足夠，但是對於「科丁教練」來說稍嫌不足。凡事必須深入才有機會淺出，出神入化的教學本領是「科丁教練」的基本要求。

學習需要自我的體驗、體會和體悟。

對於現在的學習而言：

文理運轉不停，每天都有創新，善於變革，才會持久；善於會通，才不會貧乏。適應時代要求，必須果敢；趁著時機，不要膽怯。既要通觀現今的新趨勢來創作；也要參酌古代的傑作，來確定法則。

跨越不同的知識領域，需要一個能變通且能會通的平臺。文理截然的分離，已不適合 21 世紀跨領域的時代。

溫馨提示：
溫馨的提醒所有的家長、老師，尤其是身負教育重責大任的官員：
1. 對於 Coding 我們要沾一沾。
2. 沾到的知識和技能要和你的工作連在一起。
3. 連在一起的工作，要熟練才能黏住。
4. 黏在一起的 Coding 知識和技能，必須隨時隨地應用在我們下一代的身上。

4-3 Coding 教練的概念深入

「程式設計」的概念和 SOP 由一連串的定義組成，對於類似「人造語言」、符號化、形式化、「程式語言」等的定義，還是必要有系統，有某一程度的認知。

以世界科技獎教育得主 MIT 媒體實驗室「Lifelong Kindergarten」研究群主持教授瑞斯尼克（Mitchel Resnick）而言，今日的程式語言非他首創，1995 年，Nicholas Negroponte 著有《Being Digital》一書，早就有描述。在這之後，1996 年 Seymour Papert 撰寫《The connected Family, Bridging the Digital Generation Gap》。實際上，Papert 的「Logo」電腦語言就是專為兒童開發的程式語言。他早在 1988 年即已獲得「樂高教授」的頭銜。Papert 師承皮亞傑，皮亞傑之前有更多為今日「科丁教育」做出無形貢獻的達人。可見很多事物是演化而非革命，我們必須承認：水有源，樹有根。所以，我們必須學習和相關的達人「神交」。

Seymour Papert（1920-2016）

20 世紀的初期，Jean Piaget 及 J.S.Bruner 還停留在純教育或心理學認知發展的學術階段。

Seymour Papert 的出現，電腦真正的成為「學習認知發展」過程中的重要推手。

Seymour Papert，中文譯名為西摩爾・派普特，他是美國麻省理工學院的數學家，更是人工智慧發展過程中的一位先驅。他對人類認知發展的觀點直接受到 Jean Piaget 的影響，在 1968 年，他從 LISP 語言的基礎上，創立了 Logo 程式語言。

談起 Saymour Papert，不妨從 TLTL 談起。

TLTL 是「Transformative Learning Technologies Lab」的縮寫，而「Seymour Papert's Legacy」是他留下的最珍貴遺物。

Thinking about learning, and learning about thinking.

思考學習，學習思考。

臺灣從 1970 年代末期開始，將電腦帶進家庭中，實際上電腦的運用一直都沒有太大的改變。

一直等到網路的普遍運用後，我們才有機會使用電腦讓自己與地球其他地方的人們連結在一起，彼此交換訊息、影像、聲音、知識，還包括不同的文化與價值。

我個人認為 Seymour Papert 對於今日科丁教育的最大貢獻有二點：

1. 強調重新學習「學習」這件事，向過去僵化、不自覺的學習習慣挑戰。
2. 讓我們重新關注「家庭」在我們每個人學習生涯中所占的重要地位。

因為這兩點重要的理由，我們編寫本書時，有些必要的強調：

1. 盡量避免專業知識的用語，取而代之的是以一般人的常識為前提進行討論。究竟專業人士與一般人士的知識廣度有很大的落差。
2. 我們從常識為出發點，就必須不斷的累積讀者的認知能力，所以我們採用螺旋式循環成長的學習方式。

3. 強調重點的再三循環理解，那不是冗餘，是必要的多層次思考。

4. 讓學習者學習重點的再三思考和運用。

Seymour Papert 是 Logo 語言的發明人，他師承兒童心理學宗師皮亞傑，又和 MIT 人工智慧實驗室創始人 Marvin Minsky 共事過，和《Being Digital》作者 Nicholas Negroponte 是好朋友，他對兒童 Coding 教育的努力，對於 Scratch 語言的創始人 Mitchel Resnick（米契爾‧瑞斯尼克）有極大的影響力，不言而喻。

對於 Papert 的雋語：「除非你對於某件事物思考過，你根本無法對該事物的思考做思考。」我個人再三玩味。

溫馨提示：
「教育的蛻變」絕不是依賴工具，必須有整體的發展環境（IDE）。
IDE 不單是學習 Coding 的環境用語，更是「教育蛻變」的通用性用語。

4-4 讓我們教孩子們用 Code

　　Coding 的發展，改變我們的學習方式、工作方式、娛樂方式。綜合而言，就是改變我們的生活方式。毫無疑問的，《Being Digital》一書影響 Mitchel Resnick。他是 MIT Lab 機構中「The Lifelong Kindergarten Group」的負責人。他在 TED Talk 中強調「讓我們教孩子編寫電腦程式」，對於今天 Coding 教育的影響非常大。

　　現在的 Coding 世界有人性化的界面，可以創造完美的人性化世界，有人性化的圖形積木，有虛實俱在的人生模擬，能看、能說、能聊天的數位化生活，或稱為數字化的生活，彼此間的聯繫很方便，可以從遊戲中學習，最重要的是只要「主人」夠聰明，就可以成為一位萬事通。

　　「Digital」在臺灣，翻譯為「數位」，在大陸翻譯為「數字」。《Being Digital》臺灣翻譯為《數位革命》，大陸翻譯為《數字化生存》。很多人不小心，翻開英文原著時，忽略版權最上面的一段話：

> To Elaine
>
> who has put up with my being digital for exactly 11111 years

　　是作者獻給 Elaine。

　　我不知 Elaine 是誰，可能作者只是要強調他的《Being Digital》最該出版，Elaine 已忍受了 11111 年。我也不知道「11111」這個碼是二進位還是十進位，如果是二進位，不過是 31 年而已，如果是十進位，那就超過一萬年。

《數位革命》的中文翻譯雖然不是很正確，being 的 ing 強調早就進行一段時間，是存有，不是存在，更不能說是「革命 revolution」。《數字化生存》的翻譯比較符合事實，從《易經》「太極生兩儀，兩儀生四象，四象生八卦，八卦定吉凶，吉凶生大業」一句話，可以知道「digital」由伏羲的八卦開始，至少已存有七、八千年。

知識的應用始於概念，終於實行步驟。有關概念的問題，幾千年來知識論中討論甚多。概念的產生是標幟著人類從原始思維的狀態進入邏輯思維的狀態。蘇格拉底由特殊而尋求一般的概念，是人類知識上的一大進步。柏拉圖的理念論到亞里斯多德的工具論，知識有了實現的「工具」，唯名論與唯實論在個別與一般的概念雖然有分歧，但對於知識論的成長也是有貢獻的。

在 Coding 的學習上，我們可發現 Coding 是人類知識的發揮，是概念累積而成的工作成果。其中充滿了許多概念，由於切入的角度不一樣，而有了不同的實施方法，不同的方法有不同的機制，不同的機制有不同的實施步驟。當不同的方法和機制在 Coding 過程中，有了彼此不能「通用」的情況發生時，在現實的考量下，必須有許多的規範。

知識必須應用，應用中必須是有邏輯的。由概念→方法→機制→步驟必須是「通」的。「闔戶謂之坤、闢戶謂之乾，一闔一闢謂之變，來往不窮謂之通」由於 Coding 科技的快速進步，機制的分歧，「通」字在規格的拿捏上又成為應用上的一大考量。

4-5 Scratch 的誕生

小驢問老驢：為啥咱們天天吃草？而乳牛頓頓吃精飼料？老驢嘆道：咱爺們靠腿吃飯，人家靠胸脯吃飯。優勢很重要。

這是一本從科丁的教學到普世化學習的書，不是只有「科丁」技術的介紹，一位真正的「科丁教練」，還必須有「課程的設計能力」，有「教學的方法」，有實際技術的自修能力，還必須實際上臺授課。這些都將融合在本書的各章節內。

本書透過《易經》「太極生兩儀，兩儀生四象，四象生八卦」，將「知」和「行」的兩儀融入其中，培養一些具有文化素養的「科丁教練」，也必須與近代「科丁」哲學家的高人神交。例如：Jean Piaget（皮亞傑）、Marvin Minsky（馬文・明斯基）、Seymour Papert（西摩爾・派普特）、Nicholas Negroponte（尼古拉斯・尼葛洛龐帝）、Mitchel Resnick（米契爾・瑞斯尼克）、Jerome Bruner（傑羅姆・布魯納），你將知道，這些人是值得你仰慕和學習的對象。

Scratch 的誕生並非完全是科技的產物。

1. Piaget 影響電腦結構思維的教育家 Bruner，更具體的讓 Papert 投入這個領域。

2. Papert 不但師承 Piaget，也受到 Bruner 的影響，同時和人工智慧學者 Minsky 及 Negroponte 共事並成為好友。

3. Scratch 的代表人 Resnick 集 Papert、Minsky、Negroponte 的科技和教育，而有「Let's teach kids to code」，才有今天我們科丁（Coding）教育的蓬勃發展。

4-6 後天八卦的螺旋式循環結構

　　從太極、兩儀到四象的螺旋式循環學習架構，我們接著後天八卦的螺旋式循環結構。

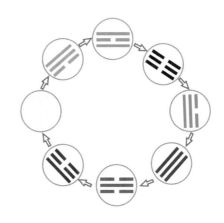

　　有了四象和後天八卦的螺旋式循環結構後，我們必須進一步增進智慧的 SOP。

1. 增進智慧的 SOP

　　‧解譯生存中既有的資料求生活。

　　‧選擇生活中既有的資訊，提升生活和工作能力。

　　‧組織資訊的結構，產生有串流價值的知識。

　　‧活用知識，成為普世化的智慧。

2. 清晰明白的答案，一直隱藏在問題中。

　　在漂亮的問題中，總能獲得更漂亮的答案。

3. 在本書寫作中，我們不斷的探討，在現代科技的既有氛圍中，我們如何加強不同知識領域的串流，透過啟發的方法提高學生的智慧。

4. 不夠深度的短暫資訊或者是結構不嚴謹的知識，有賴系統智慧的啟發，在自然的學習中強化。

5. 當外在的變化速度及能量遠大於我們內在認知的變化時，我們需要有哲學高度的洞見（Insight）和先見之明（Foresight）。

6. 一位有理想的科丁老師或教練，不能只以自己既有的教育背景去影響學生的學習。

7. 假使我不為自己，誰會為我？

　　假如我凡事只為我自己，那麼，我是誰？

　　如果，現在我不考慮這個問題，該等待何時？

8. 哪裡找得到可以為一輩子生活的學習環境？

　　Where learning environment is for life?

今天撰寫本書是拋磚引玉之作，重在提升目前「教育能量」的層次。

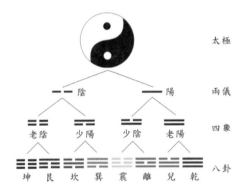

以下依賴太極、兩儀、四象、八卦的展開圖，來一趟科丁之旅。

1. 在十八世紀，德國哲學家、數學家萊布尼茨以二進制解讀《易經》的六十四卦。萊布尼茨在《致德雷蒙信》中就指出，《易經》中的六十四卦圖形，恰巧是他在二十多年前發明的二進位。

2. 將陽爻定義為 1，陰爻定義為 0。

3. 最上面的爻位，權值定為最輕。

4. 將卦象順時針轉 90 度將卦象化身為二進制。如下圖：

原始卦象	䷁	䷳	䷜	䷹	䷲	䷝	䷹	䷀
卦像旋轉	⦙⦙⦙	⦙⦙⦙	⦙⦙⦙	⦙⦙⦙	⦙⦙⦙	⦙⦙⦙	⦙⦙⦙	⦙⦙⦙
二進位數	000	001	010	011	100	101	110	111

如果我們想趁此良機了解八卦符號，二進位及十進位的轉換關係，還可依照下列的式子推演。

坤 ䷁ → 000：$000=0\times2^2+0\times2^1+0\times2^0=0$

艮 ䷳ → 001：$001=0\times2^2+0\times2^1+2^0=1$

坎 ䷜ → 010：$010=0\times2^2+2^1+0\times2^0=2$

巽 ䷸ → 011：$011=0\times2^2+2^1+2^0=3$

震 ䷲ → 100：$100=2^2+0\times2^1+0\times2^0=4$

離 ䷝ → 101：$101=2^2+0\times2^1+2^0=5$

兌 ䷹ → 110：$110=2^2+2^1+0\times2^0=6$

乾 ䷀ → 111：$111=2^2+2^1+2^0=7$

科技的學習、創新和創客，都必須重視事物的內涵和外延。

凡事皆有內涵，事物特有的屬性叫做內涵，內涵所涵蓋的對象是外延，本書的對象以創易思考的主題為重點。創易思考以《易經》的智慧為根基，內涵增加，外延減少，是認識邏輯方法的馬步，馬步蹲好，出手就靈活。

學習任何東西，懂得抓住跨領域的要點，再持之以恆就能熟能生巧，自然成為高手。所以，必須讓自己在領域中快樂的生活才是高人。高人是有很高調適能力的人。《易經》是人類智慧的結晶，是培育高人智慧的內涵，「創易思考」以《易經》當平臺，高人的修煉，由此衍生。

4-7 從太極圖的繪畫開始

很多機會看到太極圖，「善讀書者，無之而非書。」太極圖也是學習的一本書，畫太極圖學習幾何作圖。

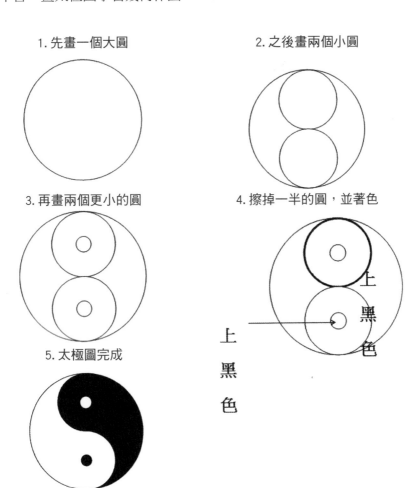

1. 先畫一個大圓

2. 之後畫兩個小圓

3. 再畫兩個更小的圓

4. 擦掉一半的圓，並著色

上黑色

上黑色

5. 太極圖完成

打鐵趁熱，何不透過 Scratch 將太極圖畫出來。

動畫練功房：功夫太極

（一）場景設計構想：

（二）使用元素：

背景	背景 1								
		LB1	LB2	LB3	LB4	LB5	LB6	LB7	TaiChi
角色	TaiChi								
	Temple				Plateform				
	What TaiChi	天地未開 混沌未明 是太極							
音效	1.【古箏】千本櫻 .mp3 2.【箏鼓和鳴】權御天下 .mp3								

（三）程式碼：功夫太極 .sb2

WhatTaiChi 程式碼

LB2 程式碼

此處只列出部分的程式碼，刪餘的部分就留給你試試看哦！

4-8 創易科丁和科丁創易

本書有很多不一樣的策略，本章是其中之一。以「創易客」為主體，是「開物成務」的策略，文化與科技合而為一。

主要元素有兩個，創易如果是陽爻（▬▬▬），科丁為陰爻（▬ ▬），則：

1. 創易文化（▬▬▬）。
2. 科丁教育（▬ ▬）。

太極生兩儀，兩儀生四象，上述兩個元素的組合可得到：

1. 創易、創易（▬▬▬）：完全以創易文化為主要內容，不談科丁教育。

2. 創易、科丁（▬ ▬）：以創易文化為主體，以科丁教育發揮創易的教育價值。

3. 科丁、創易（▬ ▬）：以科丁教育為主體，以創易文化發揮科丁的教育價值。

4. 科丁、科丁（▬ ▬）：完全以科丁教育為主要內容，不談創易文化。

本書選擇 2 和 3 為主題，所以我們有類似：

1. 親子同樂創易科丁班；
2. 親子同樂科丁創易班。

前者以創易文化為主題，以科丁教育提升其跨領域的價值。

後者以科丁教育為主題，以創易文化提升其跨領域的價值。

如果衍生其跨領域的教育價值，我們可以有：

1. 乾卦班：創易、創易、創易班（☰）。

2. 兌卦班：創易、創易、科丁班（☱）。

3. 離卦班：創易、科丁、創易班（☲）。

4. 震卦班：創易、科丁、科丁班（☳）。

5. 巽卦班：科丁、創易、創易班（☴）。

6. 坎卦班：科丁、創易、科丁班（☵）。

7. 艮卦班：科丁、科丁、創易班（☶）。

8. 坤卦班：科丁、科丁、科丁班（☷）。

我們提醒大家，生活中有很多的 Code，有的延續很久，已成為文化的 Code，今天我們透過電腦的 Code，而有了 Coding 的學習。

溫馨提示：

本書的寫作，有許多章節還有很大的深入思考的空間。

建議再一次閱讀第 140 頁「1. 增進智慧的 SOP...」。其間對於資料、資訊、知識和智慧描述的四個重點，值得再仔細思考一次。

↺ 回顧重點

學習跨領域的知識

- 現在是資訊和通訊網路的新世代。
- 數位（數字，digital）設備開始替我們執行許多需要人類思想解決的問題和事物。
- 讓我們的孩子提前行動，累積功力，能開始掌握這些 digital 設備。

《易經》為五經之首，站在老師的主場，我們花了相當多的心力，將《易經》文化的價值和「科丁教育」的科技創新功能扣接在一起。

「創易文化」在《易經》智慧平臺上，從黑白太極歌開始，透過相關的教具落實在 Scratch 的 Coding 功能上。例如：

1. 歌唱太極歌。
2. 畫太極圖，將陽爻和陰爻與電腦的 0 和 1 相對照。
3. 從太極、兩儀、四象、八卦的教育中，和 Coding 教學整合在一起。
4. 由於「創易文化」和「Coding」的結合，可以從「玩中學，學中玩」中學習智慧的抉擇能力。
5. 也可以從「做中學，學中做」的過程中，有和諧、幸福的自然成長機會。
6. 由於「創易文化」和「Coding」的結合，體悟「容易」的人生。容字有「宀」和「谷」，表示在有限的範圍中，完成很多的工作，儲存在無限的空間中。
7. 「易」字上日下月，日月相推，而歲成焉！互動間有無限的變化。

8. 「容易」的人生，「用簡」「用易」、有無限和諧的相對變化，
   而且總是能夠快樂的包容。

　　遊戲中學《易經》，也學「Coding」；工作中學《易經》也學「Coding」，
在遊戲中，在工作中，有一連串的思想轉換。由於科技的快速進步，有
不一樣的「Coding」工具，加上「創易文化」的「容易」價值，這種透過
Scratch 把加上八卦色彩的「創易文化」運用到生活中，你能加以排斥嗎？
何不放鬆心情也動動筋骨，學習 Coding，潛移默化的加深八卦的概念。

　　學習是跨領域的知識，人文、科技、自然的融合在一起。

　　學習是連續的，必須結合過去的知識和經驗，這就是「創易文化」和
「Coding」的串流價值。

溫馨提示：
建議再一次閱讀第 141 頁「5.當外在的變化」。
為甚麼需要哲學？
當外在的變化速度及能量遠大於我們內在認知的變化時，我們需要哲學高度的
洞見 (Insight) 和先見之明 (Foresight)。

前瞻未來

不以「知識」的運用為滿足

本書的寫作已超過一半，我們不但安排出版的事宜，《創易客寶典——科丁四部曲》的入門、進階、登堂、入室序列，也早已列入我們的工作流程中。在此過渡的時間裡，容我們再表示一下我們的理念和作法：

1. 我們已建立起堅實的團隊，歡迎更多樂意作夢的朋友加入。
2. 本書內容所強調的層次不是資料，也不只是資訊，至少是有組織、有系統的知識。
3. 我們不以「知識」的運用為滿足，臺灣的教育已沒有時間在嘗試錯誤中學習，不能只獲得有限的經驗而已，應該將所學化為運用的智慧模式。
4. 現階段教育需要的不只是個人的知識和智慧，更是團隊的共同願景和共同學習，更是對於社會認知的整體系統思考。
5. 本書的編著，從技術切入，但以「智慧的內容」為主軸，更有對於社會整體貢獻的宏願。

期待繼續第四章的反覆學習，更期盼在《創易客寶典——科丁四部曲》中再相逢。

為了加強現有讀者對於本書內容的理解，在進入第五章前，我們很想再說幾句話：

1. 現代資料、資訊泛濫的時代，本書不能只重視資料，資料欠缺認知，本書視為垃圾。

2. 一般人對於資訊，重在用後即丟，將不復存在，能在本書中再三重複的不是冗餘（redundancy），至少是值得不斷運用的知識。

3. 知識如果沒有系統的結構，將淪為資訊；不再受到重視。

4. 智慧如果沒有受到質疑再度精進，如果不能全面提升，結果還只是一些無法普遍運用的知識而已。

你將進入第五章的閱讀，如果你自認為是一位有理想的 Coding 教練或老師，希望你能隨時隨地穩固你的智慧，轉換你學習的內容，吸引更多的朋友和你一起貢獻社會。本書最主要的目的就是提供更多有理想，肯做夢的朋友，更多永不衰竭的動能。

溫馨提示：
如果你是一位有愛心的家長或老師，記得透過 Coding 和創易文化的合體，讓我們的下一代對於本書的一些想法，必須提前行動，讓孩子累積功力。

📱 創易客觀點

謙卦的衍生

詹秋霞

　　平凡的我身兼職業婦女及為人妻、為人母、為人子女、為人媳婦，平平庸庸忙忙碌碌年過 40 多，生活重心一直在職場、家庭中轉，但因數十年的童軍志工，打開我人生另一扇窗，結識很多良師益友，生活也更加多彩多姿，因緣際會遇上《易經》，緊接而來一連串的串聯，至今還讓我自己都驚訝不已，感謝引領我入《易經》之門的璟臻，因她而能跟施純協教授學習《易經》、科丁，教授除了滿腹經綸，為人處事更是後輩學習的標竿，他對中華文化傳承更有深厚的使命感。

　　也是深受到施教授這份使命感感動，讓一向被動的我，也願意隨之加入，《易經》是一門生活中的學問，潛移默化變化萬千，孔子說：「五十以學易，可以無大過矣！」本來抱著修身養性，避免人生有大過，想不到卻因施純協教授讓我從此與《易經》結下不解之緣。

　　「變通、通變、會通」出神入化的運用。任何事物的演變皆依賴許多有智慧的基本概念之串流而精進。《易經》中的謙卦，在職場上、為人處事上，使我獲益匪淺。

　　「謙虛真諦」的演繹來自《易經》六十四卦中的第十五「謙卦」。謙，就是謙遜的意思。大有收穫，處事又謙遜，生活必然安虞，告訴自己不能驕傲自滿。一般人每天努力不懈，難道不就是為了通志、定業、斷疑？

　　《易經》有六十四個卦，相當於人生六十四個專題智慧的濃縮。施老師喜愛《易經》有正面思考的結果，總是千思萬想的學習其審時度勢的策略，出神入化的對許多事情很恰當的因勢利導。「創易客」歡迎有志一同

者加入，讓我們為中華文化盡一己棉薄之力。

■ 謙卦的衍生

老師最強的地方是跨領域的功夫。他說：

幾年來，我以謙虛的態度帶著「通契範」的成員，在「創易大學堂」、「科丁聯盟」及「林口社區資源中心」PO文，並以「創易客」的身分開「科丁教練培訓課程」、「親子創易讀經」、「親子科丁」等等課程，同時出版書籍，設計產品，根源於《易經》智慧的濃縮。歸納起來只有兩個概念，十二個字而已。

1、「變易、簡易、不易」的串流。

2、「變通、通變、會通」出神入化的運用。

他最強調的是「變易、簡易、不易」的串流。

任何事物的演變皆依賴許多有智慧的基本概念之串流而精進。不管是「變易、簡易、不易」或「變通、通變、會通」的串流或出神入化的運用皆脫離不了這個過程，「謙虛的真諦」也有必要以此概念和SOP來詮釋。

「謙虛真諦」的演繹來自《易經》六十四卦中的第十五「謙卦」。《易經》有六十四個卦，相當於人生六十四個專題智慧的濃縮。

六十四卦強調任何事物的演變皆可依其各自的專題智慧的概念及其六個階段的SOP等串流之詮釋而精進。每一卦皆依地人天三才發展其智慧，並依此演繹出六個階段的SOP。

施老師對謙卦有真正的體悟，所以發奮寫出本書及《創易客寶典—科丁四部曲》入門、進階、登堂、入室四冊書當案例來敘述。

創易客觀點

沾、連、黏、隨的一貫之道

曾婧玲

2014 年婧玲當時擔任國際青年商會全國女青商暨社會關懷主委一職，透過施老師的學生歐憲章老師，認識了施老師，當年任內創辦了第一屆「JCI 親善大使選拔」，並在全國舉辦了七場公益講座，其中兩場分別在 9 月份在臺北石牌國小、10 月選在施老師的故鄉鹿港，於鹿東國小承辦了「玩《易經》學邏輯」親子公益講座，現場超過 200 多位的家長一起蒞臨學習，開啟了我和施老師的「創易」緣分。

2015 年我一方面學習社團，一方面跟著施老師學習「創易」，但我更重要的身份是家庭主婦，所以，每次上課我都必須帶著我的兩個寶貝，一個月過去，讀幼稚園的兒子卻突然跟我說：「媽媽，我想學拼音、我想學英文、我想學國字……」跟前跟後的叫我教他，問明原因後，才知道施老師為了打破一般人學習《易經》的門檻，設計了許多的教具讓學習的年齡由幼兒到 7、80 歲的長輩都能一起透過玩教具學《易經》，而小孩就在誤打誤撞陪我學《易經》的情況下，開啟了他們「創易思考」的學習。

時間過的非常快，2017 年 3 月 20 日剛結束大馬的《易經》文化傳薪進階班的課程訓練，一回到家，小孩抱著我說他能回答所有老師的問題，別的小孩都回答不出來，所以，老師選他當數學小老師，也在聯絡本上稱讚他「思考力佳」，在跟著施老師推動「創易文化」的學習過程中，不只我改善了心智模式，我的小孩也在耳濡目染中，不知不覺的成長蛻變，不諱言，我是最大的「創易」教學受益者。

「隨卦上卦為兌，為澤，下卦為震，為雷。澤中有雷象徵雷藏澤中，是安息不動形象，具潛伏之勢，可隨時而動。君子效法這種現象，起居定時，日出而作，日落而息，同時培養實力，伺機而動。

澤雷隨，上悅下動，是發自內心的隨和與跟隨，能隨時做人處事，才能真心跟隨某人，或讓某人真心跟隨。而關鍵則在隨機應變，隨時而動。」

■ 沾、連、黏、隨的一貫之道

老師讀《易經》，和太極拳的高手成為朋友，他自稱：

我的人生一貫之道：「沾、連、黏、隨。」

科技始終來自於人性，網路科技不例外。因為 FB，失聯的老朋友、老學生又連貫在一起了。只看到網路缺點，未享受科技優點的朋友，失去科技人性化的潛在必要性。

科技始終來自於人性，人人耳熟能詳，可惜少人詮釋。詮釋前，科技和文化必須融合在一起，必得以教育為平臺，我以《易經》智慧當教育的平臺，以「創易文化」當媒介，沒有做作的謙虛，透過個人「沾、連、黏、隨」的一貫之道，分享個人對「科技始終來自於人性」的詮釋。

《易經》讓我有潛力不斷的 PO 文，因為有取之不盡的智慧資源；其中的「謙卦」讓我懂得欣賞別人 PO 文中的智慧，也敢於有「謙虛」智慧的 PO 文。

從《易經》和「謙」卦我滿足自己 PO 文的內涵，也懂得如何向別人學習。

我「隨」別人，別人有深度有啟發性的 PO 文，我喊「讚」，有時也留言。我常常 PO 文，也有別人「隨」我，因為 FB 有滿足我天天 PO 文的空間。

對於我喜歡的 PO 文，我樂意去沾一沾。

沾到的內涵如果有所體會，我會去和我自已熟知的內容連接在一起。我不但連結，也喜歡將別人的 PO 文強力的和我的知識領域黏在一起，更在我的生活中運用。

因為網路，我有更多「隨」別人的 PO 文而進步的機會，也有好為人師的自我滿足，「隨」時 PO 文，也樂意讓別人跟隨。

因為「謙虛的真諦」，我將更細節的用《易經》中，「太極生兩儀，兩儀生四象，四象生八卦」一段話中的四象詮釋。

老師教導我們：遇見好的要跟隨（欣賞別人的優點），但更要做好，讓人跟隨，但不是盲目的跟隨，凡事必須從正反向思考，凡事不是只有 0、1，而是有 0.5、0.25、0.125……等的思考空間。

「太陽、少陰、少陽、太陰」的四象，可以和 FB 上的「PO 文、讚、留言或置之不理」的四象相對應。有機會更可以擴大到八卦和六十四卦。

透過「創易文化」和「Coding」的沾、連、黏和隨，運用「謙虛的真諦」，我將有本書的出版，現在也已有《創易客寶典—科丁四部曲》入門、進階、登堂、入室四冊的草稿。

PO 文只是其中衍生出的部分內涵，《易經》的智慧鼓勵我，「謙虛的真諦」就是不藏私的貢獻所學。

最後，施老師強調：

1. 高科技的教學經驗。
2. 「創易文化」的推動。
3. 「科丁教育」的參與。

4. 加上網上的 PO 文，因為對於《易經》四象的「通變」累積了足夠的人生經驗。

但是施老師提醒我們，經驗不完全是智慧，一時一地之運用不足恃，經驗必須有智慧的檢核。

在 FB 上 PO 文，有時「隨人」，有時人「隨我」，「謙卦」謙虛真諦指引我，有智慧的運用四象，網路的生活快樂似神仙：

1. 「干卿底事」，置之不理，（▬▬ ▬▬），自己、自己。
2. 對個人有啟示，讚聲鼓勵，皆大歡喜，（▬▬ ▬▬），自己、別人。
3. 對社會有正面的能量，同聲相應，同氣相求，留言相互打氣，（▬▬▬▬），別人、自己。
4. 有所啟悟，PO 文分享，社會是大家的，（▬▬▬▬），別人、別人。

「隨」著時代的變遷，學習的方法也一直在進步中，「教育不是因為翻轉而改善、是因為文化自然的蛻變而精進」，《易經》為五經之首，有其高度及廣度，如何站在古老智慧《易經》的肩膀上，從幼兒開始，創造思考的學習環境，是「創易客」團隊全力以赴的終極目標。

溫馨提示：
陽爻和陰爻可以從不同的角度，自己解碼。例如上面的例子，我們以自己當陰爻（▬▬ ▬▬）；以別人當陽爻（▬▬▬▬）。所以「干卿底事」，我們視為自己、自己（▬▬ ▬▬）。

第五章　親朋好友、有志一同

懂得反省和檢討者，最喜歡和別人一起學習

∘ 新的資訊和通訊技術，可能削弱我們享受的隱私程度，提升
　道德生活，更能和朋友分享生活成果。

∘ 工作、學習的分享中，大家善意的互動，反省和檢討，彼此
　享受生活的樂趣。

∘ 最好的生活分享，就是喜歡和別人一起學習。

　　學習是多元的，是雙向的。尤其是「創易文化」和「科丁教育」合體的學習。

　　因為學習的多元，不同領域的知識可以相互跨越而能有多元的「創客」。學習是雙向的，孩子向父母學習，父母也可以向孩子學習；學生向老師學習，老師也可以向學生學習。

　　「科丁聯盟協會」2016 年 12 月 17 日才成立，該年 8 月成立前先試開班，短短半年，已開了八期，不同的對象，不同的背景，不同的興趣，本章的實例皆來自這幾期的學員，其來有自。

　　長期在教育界工作，我不可能為學校護短，硬要我說學校的課程安排得很妥當，我說不出口。我也發現，有許多的老師，總是人家告訴他該教什麼，他才教那些東西。他並不是因為那些東西對學生有益而教。

　　很高興，現在加入科丁的教學環境，在 Coding 學習的情境中，學生能理解知識的目標和意義。Coding 總是能和學生的想法相關聯。

　　很高興，我周圍很多年輕的朋友，都能知道自己在學什麼？為什麼要學習那些東西？

　　本書前四章從「帝出乎震（☳），齊乎巽（☴），相見乎離（☲），致役乎坤（☷）」，讀者一定開始知道，我們為什麼要特別告訴大家這些東西？因為後天八卦的邏輯順序可以很自然的當為 SOP，運用在不同的領域中。

　　現在開始進入說言乎兌（☱）的第五階段，也就是第五章。

5-1 有系統的共性思考

真正有系統的領域皆有邏輯的 SOP。以本書為例，第一章是新時代的學習動機，第二章是「教育的蛻變」從自己最擅長的領域開始，第三章我們的學習不能完全依賴經驗，第四章新時代有新的創新活動，本章帶給大家有系統的共性思考，也是一連串的邏輯 SOP。

未來世界趨勢如何？本來人言言殊，現在卻因人群之間有共性思考，已漸有共識：

（1）已無人否認，未來世界變遷的快速，遠超過現代人的想像。
（2）孩子需要培養特殊的能力和特質，但必須有終身學習、終生成長的父母和老師共同學習。
（3）文化的理解能力、數位能力及學習如何思考，大家共同努力。
（4）大家必須有共識，解決問題的能力更為重要。程式設計能力的培養，跨領域的學習是一條很理想的捷徑。
（5）科丁（Coding）是未來各世代很重要的溝通方式，是跨過平庸的大好途徑。

系統的創意思考，除了創易靈感的訓練外，是否也應該增加一點系統邏輯的培養？

隨著年齡的增長，愈來愈能體會如何把握理想，重視現實，也了解其間拿捏的尺度，是很高明的創易。這個拿捏延伸出一連串的虛擬和具體、抽象和實際、發散和收斂、主流和非主流。創易思考不只是片斷性靈感的

161

產物，更是有系統的共性思考；解決了不少不連續性的問題。

我們在這裡，再一次質疑：科技真的是絕對的創新嗎？難道不能是另類的拼圖和積木？是拼圖？還是積木？不同的教育、工作和商業模式，是否也是一種創新？

企業是由人構成的，是個人、團體、組織一層層堆疊出來的單位。人是由什麼構成的？人的世界是由什麼構成的？千變萬化的物質世界又是由什麼構成的？企業的合作創新，是否也是創新？

拼圖是每一個碎片都有他自己唯一的位置。只有在那個位置，每一個小片的生命才具有意義，所有的碎片一定要齊全，才能夠拼出拼圖本來的面貌。拼圖是否也可以有自己意念的拼圖？

組合積木的每一個積木有他自己的原型，當和其他積木一同組合的時候，可以突破自身形狀的限制。組合積木沒有多寡的限制，不同組合有不同的樣貌。積木是否該有共同思維的扣接方式？

拼圖和組合積木，雖然組成的方式不同，但相似的是：在「拼」和「組」的過程，都在訓練構圖的思維，都在訓練有系統的思維模式。

為什麼「企業再造」一開頭就是拼圖或組合積木？個人的生涯是拼圖，也是積木；團體、組織、企業也可以如是觀。企業界強調商業模式的創新，事業也可以成長。Coding 教育是否也該從這方面著力？

我們依賴《易經》的哲學高度。

《易經》的高度在思維！

思維是人腦對於外界事物間接性和概括性的反應。

思維的概括性是指思維不僅能夠反映個別事物，也能反映一「類」事物；不僅能夠反映事物偶然的、非本質的屬性；也能反映出他們共同的本質屬性。所以，要能夠將事物分門別類，必須要有謹慎而縝密的思維，來找出事物的本質屬性。人類為了本身的生存和發展，需要探索本身具有的思維能力；為了同樣的目的，也必須放寬視野與心胸，去「思維」宇宙自然和諧的互動。「靜觀自得」是很好的境界。「道在悟真」，悟是內省的思維。

拼圖和組合積木，其相似性是：他們都需要思維，需要抽象性、概括性的思維。拼圖和組合積木，其相異性是：組合積木需要選擇，拼圖不必。組合積木時，選擇的拿捏取捨，才是整個過程的精華。多數人忽視拿捏的「神」，「唯神故能不疾而速，不行而至」。

以上的論述，「科丁教練班」上過我課的學員都聽我強調過：

「邏輯是一門探討思維形式及其規律和方法的科學」：

1. 必須重視思維的間接性和概括性。
2. 科丁是 Coding，不但重視內容，也關心其編碼（encoding）和解碼（decoding）的形式性。

拼圖和積木的概念必須常常運用。

5-2 「IC」不單是現代的科技，更是積木概念的代言人

拼圖和積木看似相同，實際只是相似。同中有異、異中有同。世界萬事萬物從哲學高度來看，也是相似。

玩拼圖遊戲的過程，是把每一個零散不具備意義的碎片，歸正回到它自己原本的位置，唯有正確的將每一片零散的圖片拼接正確，才能夠找到拼圖完整的意義，屬於「它」自己唯一的意義。

每一塊積木有不同的形狀與尺寸，非常容易組合，它們可以相互銜接。我們可以利用積木組成任何東西，完成後將其拆解，再組合成其他的樣貌。積木的巧妙就在於它可以片斷組合成整體的樣子，玩積木的精義是調心的工作，會調心的人就會生活，會生活的人就有福報。生命是自然賦予的；完美的生活有賴於智慧的參與。

拼圖是平面的，是點跟點、點跟線的變化；積木是點、線、面的協調和整合。拼圖是組合一個單一面向；積木則如同萬花筒般展現出三度空間的奧妙與美麗。積木展現的結構有拿捏的美。

如果說雕刻是減法的學習，泥土塑型是加法的訓練，那麼，積木則是在加減乘除上進行高難度的鍛鍊！積木可以訓練手眼協調、訓練人的的專注力、規畫能力等等。組合積木是難題也是挑戰、是邏輯訓練也是創造力的啟發。

IC 是一個由 cohere、adhere、integer、integrant 等虛擬概念整合而成的實體元件。

第一：由 Cohere 開始，必須是同質性物質的內聚。

第二：由 Cohere 進化到異質性的 adhere，不相同的事
　　　物，藉由外力，強行黏著，異質性物質的附著
　　　力也可增加；就可產生互補的功能。

第三：Integer 指出，不管由 Cohere 或 adhere，必須從
　　　整體著眼，應該強調合作－分工，而非分工－合作。

第四：合作分工必須顧及 integrant，也就是組成分子的整體組合意願性。
　　　譬如沒有組合意願的夫婦，不能藉著一張證書的法律效力就強行結
　　　合在一起，應該是彼此要有意願成為一個生命共同體。

第五：Integrate 是由 cohere、adhere、integer、integrant 等字眼的內涵真正
　　　integrated 在一起的東西。integrated 不只是整合的意思而已，可延
　　　伸為融合、甚至於圓融。

　　IC 這個實體將同質性、異質性的電路，透過 compact 科技強行濃縮並
融合在一起，成為一個麻雀雖小，五臟俱全、功能超強的電路。

　　Compact 這個字是紮實的、緊湊的、密度大的、簡潔的、可想像的空
間大，可衍生的科技無窮。

　　資訊環境的發展，源於人類求生存、求舒適、求成就；這些人性的需
求應該受到重視。從這一觀點來看：資訊環境的形成是「知慧」。知慧是
知識和智慧的合成詞，是自然累積和創新的結晶，根本不是我們歡迎或不
歡迎的問題。

　　人類逐漸由單純的藉助資訊科技的計算及儲存資料，進步到藉助於機

器提供資訊，從事推理工作。現在「智慧行為」已可借助機器的傳播，散佈到全球的各個角落。人類正努力以知識工作者的腦力配合電腦，努力創造其價值。在智能企業的環境中，「知識」、「智慧」、「知慧」、「智能」是依據不同的環境相互交叉運用的關鍵詞。

我喜歡哲學，喜歡螺旋成長方式。談到「哲學」，許多人覺得很玄；講到「禪思」，又覺得很佛教。其實，兩者都很生活化。最簡單的體認方式就是從思考開始。談到思考，又有人誤以為很資訊、很常識，不能當知識來看。「知識就是力量（power），是一種能量（energy），資訊是 information，是力量的觸媒。」

要禪思就要思考；要談哲學也要思考。要知道資料、資訊、知識及智慧之深層含義及其間的關係。要知道這些含義及關係，也就必須思考。

在資訊社會裡，知識、智慧及智能的重要性日益突出，思維對於知識的產生，對智慧及智能的形成起了關鍵性的作用。

5-3 更多的積木─坦諾藝術（Tenonart）卡榫

　　Tenonart 是運用卡榫技術創造出來的藝術作品。忠實富生命力的創作帶您進入這不可思議「未來感 vs 自然」的動物樂園！

　　林家慶是 1974 年出生，2017 年剛滿 43 歲的年輕人，在本章有志一同的朋友中，一開始就介紹他，並非他是 Coding 的高手，是本書重在不同領域人士的「會通」。他主修電子工程，擔任話劇社社長，參加戲劇研習，當過劇團男主角，在華山創意園區參加國際玩具大展，有過個人的個展。

　　「創易文化」強調「變通」，有時沾一沾不同的領域，去除頑靈不化的習性，在 Coding 上有意想不到的效應。希望 Coding 過程中，習慣於多元，但有邏輯的「通變」思考，不是凡事只知道「嘗試錯誤」的浪費生命。常常和不同領域的朋友交談，是很「理想」的「會通」習慣之鍛鍊。讓我們看看林家慶先生如何在「Tenonart」領域中，發揮他的創作，我們又能從他的敘述中，獲得什麼啟示。林家慶啟發我們「不插電 Coding」概念。

　　就像 tenon 本來不過是一個榫頭，林家慶先生將它和藝術扣在一起，成為 Tenonarts 一樣。Code 不過是一個暗號、代碼，變成電碼後，成為一門譯碼的大學問。加上 ing 後，成為 Coding，就可以有無限的「串流」過程。encoding 和 decoding 的互動，成為人類知慧的偉大領域，成為本書的重要元素。Coding 的過程，並非一定要插電。

　　如果說因為上天所賦予人類，有別於其他生物的獨立思考能力，不論從哪個面向切入，都將導致人們踏上探索自我的旅程。那麼藝術創作之路

無疑是我踏上自我探索的起始。一開始，只是因為很單純想利用工作中擅長的技能，將自己心中喜愛的動物和天馬行空的想法化身成為卡榫拼接的紙製和木製雕塑，卻意外的走上卡榫創作之路。

作品：時光

　　發覺到自己在這方面的天賦，也是因為從來不是藝術科班出身，也沒有工業設計的背景，卻從我創作第一件作品開始，就本能的知道如何將想呈現的作品畫出手繪的設計稿，卡榫和卡榫間的拼接該如何安排，需要多少的角度才能夠讓作品擁有流暢的曲線，在我下筆描繪出草圖的那刻，一切就自然成型了。

　　卡榫，是一個古老的技法，利用器物的陰陽原理接合出牢固的結構，卡榫雕塑是融合了傳統與現代共生的概念，呈現出條理的美感。經由精密計算及切割，再加上精準的接合概念，將原本平面的圖形切面，表現出立體的造形。

　　隨著時間的推進，和創作技法的純熟，作品的數量越來越多，作品的表達也從單純的想法表現，漸漸的越走越往心裡去。如何將充滿於腦海中的思維想法和對生命的感受完整的呈現在作品中，是我每天醒著、睡著、做夢也都在思考的問題。要將腦中模糊的概念整合成清晰的思緒，再利用實質的作品來呈現，需要相當專注的思維，而當你越專注，便和靈魂越貼近，從 2007 年以來，持續不斷的創作，越發讓我走向意識的越深層。

意識，簡單的兩個字，隱含了生命的源頭與延續、宇宙的起始與擴張。意識本身也具有許多的層次，從表意識、潛意識、超意識甚至無意識，是思維和靈魂的互動中，從對自我的認知一直到所謂超我境界的體悟。這些體悟反應在創作上，也讓我的作品主題從具象的動物慢慢延伸到意象的翅膀、人體等。

在各式各樣的動物雕塑中，最常出現的就是飛天獨角獸（Unicorn）和公鹿（Adonis），這兩隻動物除了本身所帶有的神祕和神聖的意涵，飛天獨角獸象徵著一種永恆、希望，也象徵著和平與純真；而公鹿則象徵著堅持不移的毅力、溫和、愛、與仁慈。這些特質都是人類所嚮往、靈魂所渴望的屬於善、屬於美好的面向。

但在人們所生存的二元世界中，因著情緒和慾望的驅使，產生了光明與黑暗、喜樂與痛苦、愛與恐懼等的對立組合，在天秤的兩端擺盪；幻化成各式各樣的人生劇碼，錯綜複雜的連結，緊密的相互纏繞，造就豐富的生命層次。在我的作品中，總是結合了這些元素，試圖表現靈魂在對於生命的體悟中，在一次又一次生命經驗的淬煉裡，跨越了痛苦、衝破了黑暗、克服了恐懼，往永恆的愛、光明、與和平前進。

對我來說，創作歷程也是一個不得不去面對的關於自我的揭露。靈魂的深處，那些想歌頌的屬於天堂的美好，與晦暗欲隱的地獄般的黑暗，在每件作品中表露無遺。我不會很刻意的去直白彰顯，而是傾向於象徵式的表現，因這些美好與黑暗是屬於人類所共同擁有的意識，透過觀者的感官，與我內在的靈魂產生一種很獨特的共鳴，無需過多的言語闡述，只是很直覺的體會。

村上春樹在《1Q84》小說中曾說過一段話：「肉體才是人類的神殿，這裡無論祀奉什麼，都應該盡量保持強韌、保持美麗清潔。」

當靈魂對於生命有越來越深刻的體驗時，很自然的會想要探究生命的本質，那是不管你在這個世界中扮演什麼角色，都會想要知道的關於生命源頭的祕密。這個祕密一直存在心底深處，等待你的造訪。我無法告訴你，關於你的探索會經歷什麼體驗。當體驗訴諸於文字，透過我的言語說出，那只代表了我，而不是你的獨一無二。然而無論是什麼樣的體驗，對每個生命來說都是重要且無法替代、必然的發生。

當你不斷的往內探索再探索，掏心挖肺的將自己最赤裸、最黑暗的部分都攤開來面對，彷彿將自己逼到懸崖邊，你沒有選擇只能往下跳的那一瞬間。那一瞬間，當你往下一躍，迎面而來的不是死亡，不是結束，而是發現自己長出了翅膀，看到了光，那光芒太刺眼，照亮了你的世界。那一刻，你會知道我的祕密，生命的祕密，那關於渺小中的偉大，過去中的未來，瞬間中的永恆。

作品：雙生子

Map

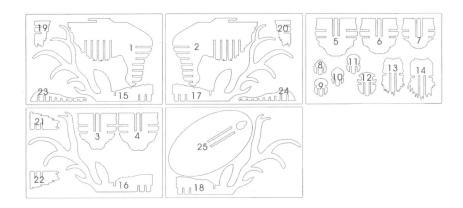

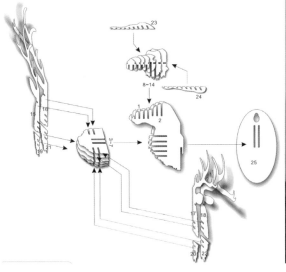

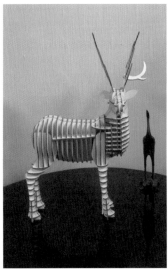

5-4 概念圖教學系統與科丁

談到科丁（Coding）教育，每個人想到的就是歐美先進國家強調的 STEM：

S，Science。

T，Technology。

E，Engineering。

M，Mathematics。

就是科學、科技、工程和數學。

有的人關注 STEAM 增加了一個 A 字，也注意到藝術的重要，結果，還是漏掉廣大人群關注的社會學科。

在科丁教練學員中，陳正中老師曾是中山科學研究院技正副組長，是臺師大創新育成中心，「全腦學習中心」的創辦人。特別受到我的關懷，不單是他的年齡，加上的是他謙虛好學，更引起我注意的是，他是一位深具科技背景的企業家，先後赴美國及德國考察先進科技世界奉獻國防科技領域很多年。對於世界潮流的新知頗為關心，對於教育秉持著踏實的態度，強調理論和實務的結合，開發慧星教育課程與產品。

最難能可貴的是親自參與「科丁教練的培訓」用心製作從不缺席。最令人感動的是，他樂意將自己創作的十八冊《開竅寶典系列套書》更上一層樓的透過 Coding 呈現。

陳老師將在「科丁教練班」體悟到的知慧，運用在「概念圖教學系統上」：

　　概念圖教學系統為解決學習沒有自信的問題，增加與學生的互動，扭轉過去「老師說、學生聽」的單向填鴨，翻轉為「以學生學習為中心」的教學概念，將學習的主體回歸給孩子；注重啟發學習動機，幫助學生建構自主學習能力。而概念圖教學精神，就是運用全腦系統化思維、整體觀視野及見林見樹的架構，培養學生自主學習能力，與翻轉教學概念有異曲同工之妙。

一、概念圖教學模式有三個層次

1. 全腦系統化思維：概念圖教學首重學習者先要有「想法」，也就是先有學習目標、動機和企圖心，接著給「方法」開竅，最後更要有「作法」，從實作中內化成應用能力。

2. 整體觀的視野：概念圖特色是站在制高點的整體觀視野，強調一目了然綜觀全局的呈現方式，引導學生了解系統，掌控全局。

3. 見林見樹的架構：概念圖運用二段學習方式及點線面鋪陳技巧，幫助學生掌握課本目錄及課文架構和內容，充分發揮想像力和創造力，更驗證書本不是用來「背」，而是用來「想」的。

二、概念圖學習三步驟

（一）統整目錄章節：

　　學校一開學，先教學生看目錄，了解這學期地理、歷史、公民目錄各有 6 個單元的全貌，讓學生具有整體觀的概念，接著再問這目錄 6 個單元彼此間有什麼關連嗎？這種提問方式讓學生學會思考，進而學會統整的能力。

　　譬如國中社會科三年的地理、歷史、公民目錄共有 102 個章節，看似繁雜，其實只要 18 句口訣圖象，就能統整出所有目錄章節，幫助國三學生社會科模擬考、會考，都能輕鬆有效率的拿高分，因為目錄統整定位後，所有複雜的內容都能夠井然有序的找到歸屬。

　　一句口訣「位地海天水境」加上說故事有畫面就容易記牢，如圖 5-4-1 國中一上冊地理目錄。

圖 5-4-1 國中一上冊地理目錄

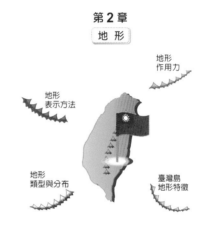

圖 5-4-2 國中一上冊地理第二章
地形大綱

（二）概念圖大綱架構：

　　這是概念圖第一段學習，只需要中心主題＋大綱。先奠好大綱架構，所有內容，無論多繁雜都有各自歸屬的大綱，幫助複習時只要看到大綱，就能回憶起內容。如圖 5-4-2：國中一上冊地理第二章地形大綱。

（三）概念圖細節內容：

　　大綱架構下的細節內容，越清晰越能拿高分，這時強調的技巧有二，一是教會學生抓關鍵字，能夠將課文內容化繁為簡。二是要學生學會建立

記憶線索，運用圖象、符號、顏色、音韻、諧音等方法。

　　1. 如圖 5-4-3：國中一上冊地理第二章地形的類型與分布。

　　圖 5-4-3（a）口訣「海中遇阿雪」輕鬆記住了山地。

　　圖 5-4-3（b）口訣「林桃大吧」輕鬆記住了臺地。

圖 5-4-3(a)　　　　　　　　　　　　圖 5-4-3(b)

　　2. 如圖 5-4-4：國中一上冊地理第一章地理位置與範圍，如何區別相對與絕對位置。

　　圖 5-4-4（a）口訣「你看我看不一樣」輕鬆記住了相對位置。

　　圖 5-4-4（b）口訣「誰看都一樣」輕鬆記住了絕對位置。

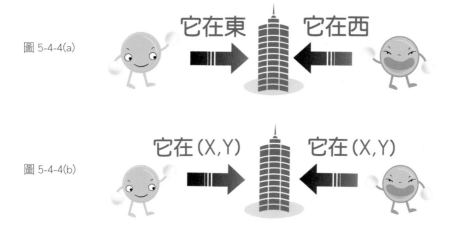

圖 5-4-4(a)

圖 5-4-4(b)

三、概念圖學習與科丁結合

　　學校教科書內容若結合科丁，激發學生學習動機，創意與想像力，學生若運用概念圖學習省時省力，更能提升學習興趣與自信，可運用科丁繪圖，說故事等，學會抓重點關鍵字與統整的技巧，團隊合作與溝通表達的能力等，最重要是讓孩子找到學習的樂趣與自信，學習是生命教育重要的一環，學習的過程要有趣，讓孩子們眼睛會發亮，能主動的積極參與討論和上臺熱情分享；學習的結果要有用，學習的東西要能用出來，才會成為「帶得走的能力」，可以幫助服務更多的人，也因為培養出許多自信快樂的孩子，生命才有價值，人生更有意義。

溫馨提示：
Coding 和創易文化合體的教育是一種調心的工作。生命是自然的賦予，完美的生活是有智慧參與的調心工作。
會調心的人，甚至於能把 cohere、adhere、integer、integrant、compact 調和在一起，而成為一具有哲學高度的科技產品— IC(integrated circuits)。

5-5 數學小博士和功夫太極

童喜先生，姓童，童言無忌，是「科丁教練班」第三期的學員，現在已是「科丁教練」的臺柱。

為了「會通」請他提供案例，他二話不說，爽快的答應。我告訴他，「爽」兩個「爻」，爻字兩個 X，代表難上加難，兩個爻，代表更難。他爽快的告訴我，兩個加在一起很困難的事都解決了，所以很爽，大字加兩個爻。

童喜說，他不喜歡化學，卻從文化大學化學系畢業；立志當政治家，擘畫藍圖，建設家園，卻誤打誤撞，撞入媒體界 22 年。經歷中外企管界高幹 14 年，自己創業代理美國 B2B 垂直搜索引擎 8 年，在合作方被併購後，再度自行創業。目前專注兩件殊途同歸的大事：

1. 創建兩公里經濟圈平臺，他表示，初期目標是要協助兩萬人在家創業。
2. 整合資源，紮根青少年 Coding 教育。協助孩子發現興趣，培養自學力，讓孩子們都能做自己喜歡且能做的事，快樂成長！

因為他的爽快和理念，很快答應我的請求，願意幫助建立清晰的邏輯思維。

動畫實例 1：數學小博士

（一）場景設計構想：

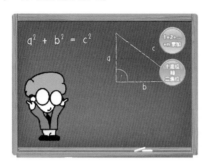

（二）使用元素：

背景	背景			
角色	LittleBoyS1		累加	
	十進轉二進			
音效	pop			

（三）程式碼：數學小博士 .sb2

LittleBoyS1 程式碼

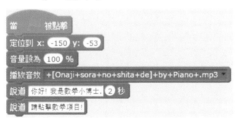

178

累加程式碼

十進轉二進程式碼

動畫實例 2：功夫太極

（一）場景設計構想：

（二）使用元素：

背景	背景 1								
角色	TaiChi	LB1	LB2	LB3	LB4	LB5	LB6	LB7	TaiChi
	Temple				Plateform				
	What TaiChi	天地未開 混沌未明 是太極							
音效	1.【古箏】千本櫻 .mp3 2.【箏鼓和鳴】權御天下 .mp3								

（三）程式碼：功夫太極 .sb2

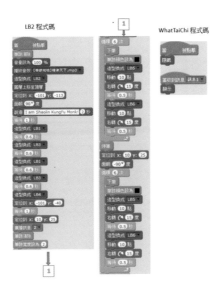

若要瞭解是如何設計的，可連結網址：

https://scratch.mit.edu/studios/3797897/

5-6 Scratch 的創易客

就像談到科學讓人聯想到數學一樣；談到科技讓人聯想到電腦；談到電腦，馬上聯想到「快速」，剛談到童喜的功夫太極，不能不佩服，童喜的同班好友黃冠豪先生。

冠豪是成功大學數學系畢業，中正大學地球與環境科學系地震學碩士畢業。童喜的功夫太極，以「太極」開始為「科丁教育」和「創易文化」牽出一條因緣線，冠豪的「創易客從遊戲中學《易經》」，更有系統的開創另一種「學習文化」。

電腦科技變得很快，也迅速在人類活動的許多領域中帶動改變，就像冠豪本人從數學系到地球與環境科學系，加入「科丁教育」又和《易經》文化跨接在一起，需要多大的勇氣和毅力。持之以恆，也將見到他未來無限的「創易」人生。

人類活動的許多領域，在科技進步後，經歷了巨幅的變革，醫藥、資訊、電子、娛樂是其中很顯著的例子，但是教育似乎例外。

我們不能說學校完全沒有改變，但是，可以說沒有改變的那麼多。學校改變不多，教育改變得最少，很遺憾，改變的部分好像又不是正面的。

本來教育是「專業領域的知識」，現在反而變成人人都懂的「常識性知識」。教育改革到底應該怎樣走？教育界的人士是否該跨領域的進修？學校的老師，是否不能忽略科技和文化融合一體之必要？

教育最主要的地方在學校。學校的主體是老師，關係最大的是家長，如果學校在許多主要的層面上仍然是老樣子，認定社會的改變都與科技和文化的融合不相關，學校是否正向的改變？父母不關心，學校的學習文化怎樣建立起來？

因為老師和學校對於教育的認知，落在關心教育家長的期望值，結果使融合一體的教育，分成兩條絕對對立的途徑，而各行其是：

1. 學校教育：完全信賴學校的鴕鳥家長。
2. 居家教育：完全不信任學校，而自以為是教育專家的家長。

我們佩服選擇居家教育的家長，他們因為不滿意學校的學習文化，不但要付出很多的心力，可能還要犧牲孩子的社群活動。太極生兩儀，學校教育和居家教育本來就是和諧的對立，串流後，可以成為通變的四象：

1. 居家教育，居家教育，稱為太陰（▆▆ ▆▆）。
2. 居家教育，學校教育，稱為少陽（▆▆ ▆▆▆）。
3. 學校教育，居家教育，稱為少陰（▆▆▆ ▆▆）。
4. 學校教育，學校教育，稱為太陽（▆▆▆ ▆▆▆）。

更深入的「通變」可用八卦和六十四卦更深入、更細緻、更全面的思考。感謝冠豪的「八卦動畫」實例，表達出：「易有太極，是生兩儀，兩儀生四象，四象生八卦，八卦定吉凶，吉凶生大業」的智慧精髓。

動畫實例：Eight Trigrams

（一）場景設計構想：

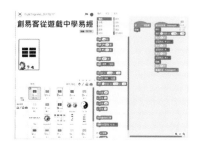

184

（二）程式碼：Eight Trigrams.sb2

Tai Chi 程式碼

乾 2 程式碼

Button4 程式碼

若要瞭解是如何設計的，可連結網址：

https://scratch.mit.edu/studios/3797897/

5-7 數學老師的 Scratch 理念

數位的概念存有幾千年，但數位世界的快速擴張，則遲至 1970 年代，臺灣則在 1980 年代才受到真正的感應。電腦是數位世界的代言人。現在已無人否認電腦對工作的影響，對兒童的故事影響，今天因科丁（Coding）教育，也感受到電腦程式對於語言學亦有很大的影響。

網際網路的發展，從人文的理念角度來看，人人有權利使用相同的資源，又是另一個值得關注的話題。

科丁聯盟因為這些因素成立，有一位特殊的成員，同時是第一、第二期的學員，現在是聯盟教育推動的主幹，她就是汪永芬老師。

汪老師，成功大學數學系畢業生，新竹教育大學數理研究所高材生，職場上程式設計師，通訊設備工程師，為了實踐自己的志業，曾是在職的小學老師，現在為了科丁教育的推動，正式從教職退休。

兒童學到的東西，有一部分來自家庭裡面的文化，語言的學習最為明顯，幾乎所有的人都沒有經過直接、刻意的教導行為就學會說話。在居家的學習文化中心，有些東西可有可無。但是，包含數字和邏輯的遊戲和學習，我們建議學校有系統的教育，汪老師樂意從職場上的經驗融合教育理念貢獻科丁教育，值得大力的讚揚。

電腦，尤其是科丁教學有很多好教材，好的教學方法可以讓孩子很有系統，很深入的學習邏輯，學會解決問題。不但帶給孩子真正的樂趣，也真正學習到邏輯的思維和計算。我們看看，汪老師從哪裡開始？

動畫實例：求圓面積及周長

（一）場景設計構想：

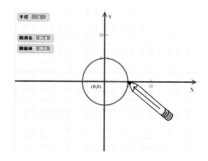

（二）使用元素：

背景	b1101	
角色	pencil-a	

（三）程式碼：求圓面積及周長 .sb2

5-8 易象創易輸入法

中華文化，自秦始皇帝統一文字後，歷經漢、唐、元、明，無一不是威震海外，四夷來朝，威名版圖最大、成為世界上最強之國家。究其原因，為漢人文化，孔孟思想教化之功，漢字舉世認同，學習漢字得以德披四方。

數位時代，電腦來臨，英文的原始環境，及漢字學習上的難度，造成漢字及漢文化在國際主流舞臺上幾乎難得一見。無論是人際交流或人機介面的交流，漢字及漢文化幾乎均無立錐之地。漢字的學習難度及電腦等人機介面輸入的難度，皆為戕害漢字及漢文化於主流之外的因素。

全世界，學習中文的人口大約十幾億以上，百分之百都是從學習聲音開始的。聲音的學習是獨立的，必須一個一個字彙慢慢增加，沒有中文環境的外國人很難學會。

《易經》，乃中華文化最古老的瑰寶，直至現代，仍然指引人們趨吉避凶，教導我們如何自處于天地間。太極生兩儀，兩儀生四象，四象生八卦。王聖軍先生，1958 年生，臺北科技大學畢業，是電腦公司負責人，鑽研漢字解碼數十年，創造出「漢字乾坤 2 分母」漢字輸入法。為了推廣二分的漢字輸入法，經朋友介紹，到寒舍共同研究。經由我們共同的討論，了解《易經》學理後，漢字 2 字母理論，結合了《易經》，有了很大的精進，成就了「漢字乾坤 2 分母」。

更由於我的勸進，參加「科丁教練班」第三期的培訓工作。每週日風塵僕僕到臺中受訓。使他的理念與實務更為合一。

「漢字乾坤 2 分母」所有漢字均取出「乾坤」，乾坤 2 分後，指向「天地人等易象」，再由「各易象」套合英文字母：

漢字→乾坤→易象→字母（易象）例如：

河之乾＝（水）→易象（大地河流）→ S

河之坤＝（口）→易象（空的框）→ Q（口內有舌）

如：television ＝ 電視 ＝ TLKL，輸入「TLKL」，會出現「電視」；eat ＝ 吃 ＝ QZ，輸入「QZ」，會出現「吃」；Melancholic ＝ 憂鬱 ＝ TXFS，輸入「TXFS」，會出現「憂鬱」，漢字乾坤完全套合英文字母。

而漢字、《易經》、英文字母，三者外貌雖不同，然其中東西方哲理相通，每個漢字取出頭尾（乾坤）元素，經由易象套合英文字母，學漢字如同在學英文字母，全部只有 25 個英文字母所分別代表的各組元素，經由系統的學習，很快、很簡易、很有效率的輸入漢字，經由字典等工具，全盤了解漢字的音、形、意，及關連字和應用，只要學會 25 組英文代表的元素特質，就可以自己認識所有漢字，進而自己再學習漢文化，開創全新的中文學習方法，讓世人重燃學習漢字的熱誠，讓漢文化再次發揚於國際，我中華文化也必將再度名揚世界。

「漢字乾坤 2 分母」→《易經》64 卦

A B C D G J N O P Q R S U

E F H I K L M T V W X Y Z

上排之字母若有圍成框架或是曲線者　　— 陽爻

下排之字母若均為直線組成者　　　　　-- 陰爻

　　漢字→乾坤 2 分→經由易象得 2 字母→得 2 爻（陰陽），三字可得 6 爻→進得 64 卦之一，即可知曉《易經》趨吉避凶之法，全世界的人們也可知道我中華千古《易經》文化之精髓。

　　Scratch 是全世界第一個為兒童和電腦「溝通」而開發的「語言」，帶領無數孩童敲開程式設計的第一扇大門。藉著堆疊、組合積木式的指令，移動可愛的動畫角色，就能創造出自己的互動式遊戲、動畫、故事和音樂，和全世界共同分享、相互交換回饋，而所有資源完全免費。

　　Scratch 是一個非常理想簡易的程式設計運用，讓人們得以將心中概念轉化為實際的表達，不用學習繁複的程式語言，都是如同樂高的積木式排列組合即可，也不須編譯就可以直接執行。

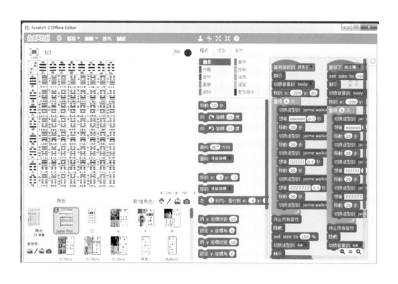

汉字乾坤2分母

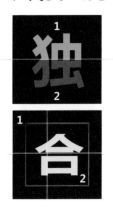

取 1（乾）、2（坤）

一、漢字 2 分：獨體、合體

二、漢字 2 分：取出 1、2（1 為乾，2 為坤）

三、套字母：1、2 → 套合英文字母

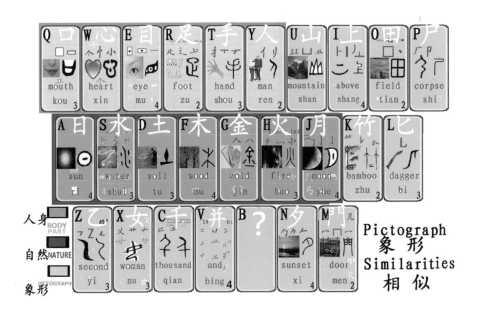

鍵盤：天（自然）地（象形）人三區，依形相似或相關對應。

為了讓「易象輸入法」貢獻更多想要學習華語的有心人，王集勝（聖軍）在我們的鼓舞下，開始有系統有組織的規畫教學機制。

字	碼		字	碼		字	碼
勺	n v		双	x x		幻	z j
勾	n z		反	p x		廿	x x
勿	n v		壬	c i		开	q i
匀	n v		天	t g		弔	j p
化	y l		太	i o		引	j i
匹	e l		夫	d g		心	**w w**
区	e x		夭	c g		戈	r x
卅	**s s**		孔	z l		戶	p p
升	u i		少	w i		户	o p
午	n i		尤	r l		手	**t t**
卞	o o		尹	j i		扎	t l
厄	p l		尺	q g		支	t x
历	p j		屯	t l		文	o x
及	p x		巴	e l		斗	v t
友	x x		币	y m		斤	p t

5-9 理論與實際的實踐

很多人討論「學習」這件事，但是很少人關心家庭的「學習文化」，關鍵在這個家庭是否重視學習這件事。很多家庭重視學習的外在表象，認為學校的成績可能日後很有用，所以關心孩子的課業成績。有的家庭重視某種嗜好或運動的技能，有的人喜歡談論學習的經驗，但是，很少人談論「學習文化」這件事。

很高興，「科丁教練培訓班」第八期學員林平三先生，初次和我見面，談論的竟是「家庭學習文化」這件事。讓我在上課中，增加這方面的教材。

「家庭學習文化」指的是一個家庭對於學習的思考方式。林先生專業是程式設計，兒子克紹箕裘，他參加「科丁教練班」是為了家庭喜愛的學習活動、學習的傳統，更是為了家庭的學習信念。雖然他的專業是電子工程，難得的，他了解文化的概念含有向心力和共識的意義。一個家庭的學習文化之所以有別於另一個家庭，關鍵在於彼此的學習風格不一樣。一個家庭的文化，應該有共識的基礎，又能夠體諒不同的方式。但是最重要的是這個家庭是否重視學習這件事。

重視學習，討論學習，是改進學習文化的最佳方式。我們要指出，學習 Coding 的經驗，讓家庭意識到自己的學習文化，是改進家庭學習文化的良機。一個家庭越能清楚認識自己的學習文化，就越能影響家庭成員的學習經驗。當家人對於學習有了新理解後，家人可能都會樂在其中，更有可能樂意學習新東西。

林平三先生指出：在過去如果從事 Coding 的工作，最痛苦的就是如何透過模型來呈現成果？最快的方法就是拿瓦楞紙、

塑膠盒、保麗龍…等容易加工的素材來切割成型,然後才能驗證自己的成果,缺點是所有的材質必須手動加工,公差很大,軟體因此而無法準確執行動作,這時很難判斷是軟體問題還是機構問題,徒增軟體撰寫的困難度,若要開模設計機構,耗時費工,所費不貲。

拜科技之賜,近年來 3D 列印技術越來越成熟,只要給予塑料及設計好的模型圖,只要數小時到一天的時間,完整的模型忠實的呈現在眼前,外觀雖有列印痕跡,但機構的精準度提高,大大的提升硬體的可靠度,在軟體的撰寫與測試上,提升不少的效率與成功率。

在林口的科丁課程中,從 Scratch 到《易經》八卦到 Arduino,都在探討陰陽和數位 0 與 1 的組成意義與結果,所以我透過 3D 列印來驗證我們組員對這些日子來學習 Coding 的成果,不但可以讓失敗率降低,提升作品的成功度,並透過手動加工,讓內部電路不再透過實驗性的麵包板連接,讓組員能專心的 Coding,使作品得以商品化的思維來呈現,以達到最高的完美境界。

⊙ 回顧重點

最好的生活分享，就是喜歡和別人一起學習

- 新的資訊和通訊技術，可能削弱我們享受的隱私程度，但是提升道德生活，更能和朋友分享生活成果。
- 工作、學習的分享中，大家善意的互動、反省和檢討，彼此享受生活的樂趣。
- 最好的生活分享，就是喜歡和別人一起學習。

　　親朋好友能有志一同的學習，最主要的共識就是「有系統的共性思考」。未來的趨勢如何？因為「科丁教育」受到重視而能逐漸有共識。因為有系統的共識，拼圖和積木變得很有價值。本書為了 Scratch 的學習，特別將其中的十項操作積木製作成拼圖。希望讀者當為 Coding 上軌前的暖身活動，在《創易客寶典—科丁四部曲》將有更深入的解說。

　　在英文專有的詞彙中，有一個很通俗的字「IC」，被許多人將其過程的詮釋價值給忽略了。「IC」是由 Cohere、adhere、integer、integrant、compact 等等的虛擬概念整合而成的實體元件。

　　本章共性學習的第一個例子是林家慶先生的卡榫，有許多的事物化身為卡榫後，很容易引用電腦0和1，《易經》陰陽原理，接合出牢靠的結構。

　　第二個例子是「概念圖的教學模式」，如何用在學習上。陳正中老師進一步用 Coding 繪圖或說做事，讓學生找到學習的興趣和自信。

　　童老師的兩個例子是數學小博士和功夫太極，黃冠豪老師的創易客例子，汪永芬老師的「求圓面積和周長」，都可用 Scratch 的拼圖來模擬。此外王聖軍先生的「易象輸入法」需要另一層的深入思考；而林平三先生的3D列印和Arduino的運用，值得在《創易客寶典—科丁四部曲》再深入。

◉ 前瞻未來
有系統的邏輯思考能力

　　帝出乎震（☳），齊乎巽（☴），相見乎離（☲），致役乎坤（☷），說言乎兌（☱），戰乎乾（☰），勞乎坎（☵），成言乎艮（☶）。我們已將後天八卦的前五卦震、巽、離、坤及兌卦的學習情境有清晰的描述。

1. 「帝出乎震」一定得掌握新時代的新動力。在網路大行其道的世代，許多問題及學習皆可透過網路資訊的取得而獲得解決，學習的結果也可大大的增進。

2. 「齊乎巽」是指配合時代的快速變遷，未來的職業和工作場所和今日的想法大有不同，學習和工作不再只是為了賺錢維生，有許多人是為了實現個人的成就感。

3. 「相見乎離」指出科技將在教學中扮演更重要的角色，每個人都有機會隨時隨地工作和學習，如何透過科技和網路的素養，可能是學習和工作的關鍵。

4. 「致役乎坤」指出虛擬情境、教室、網路工作和學習、遠距會議和教學將變得更符合職場和學校的需要。

5. 「說言乎兌」則是指工作和學習朝向多元化，更需要多元智慧，職場上不要求每個人大家做相同的工作，學習不要求相同的內容和進度。

6. 「戰乎乾」道出職場主管、學校老師等角色發生變化，透過資訊及知識處理能力的提升，讓這些角色從指導者或知識傳播者轉為知識管理者。

7. 「勞乎坎」則是要主管、家長及老師必須加強網路素養，因應網

路虛擬不切實際的挑戰，糾正下一代可能產生的不正確的沉迷。

8. 「成言乎民」指出不管是主管、老師或家長，必須有系統的邏輯思考能力，不能將工作和學習弄得支離破碎。

第六、七、八這三章的內容，有待讀者進一步的統整。

溫馨提示：
在資訊和通訊科技(ICTs)社會裡，必須懂得資料的處理，必須將資訊常識化，但是更必須記住，知識和智慧的重要性日益突出。思維對於知識的產生，對於智慧的運用，更起了關鍵性的作用。

創易客觀點

「學習」是 21 世紀最重要的人生議題

曾婧玲

世界從來就不是絕對，而是相對。人們的爭執往往都來自思考的角度與思考的高度不同，而《易經》博大精深的平臺，告訴我們「男人」和「女人」都有一個共同的字是「人」，而男人和女人又可以更精細的描述為戴眼鏡的男人和穿裙子的女人……等等，透過發散和收斂的思考，我們的學習可以更有廣度與深度，讓學習的方法不是絕對，而是具有更多的可能，提供下一代來思考學習。

每逢過年各大宮廟都會抽國運籤，施老師透過國運籤，告訴我們學習方法的重要：

年節眾人關心國運，臺灣各大宮廟或寺廟都在抽「國運籤」。甲宮抽到「上上籤」，乙寺抽到「中上籤」，丙廟抽到「中下籤」，丁府抽到「下下籤」，請問你相信哪一籤？解籤又有大學問，有的是吉中有凶，有的是凶中有吉，有的安慰國人逢凶化吉，有的唱衰，國運將是一落滑到底。這是那一門把戲？哪一門教育？哪一門國策？媒體起鬨，政治人物操弄，人民是否全部是弱智，還是真正的白痴？

我們無能，也無法預測未來的臺灣會變成怎樣？也不能預知臺灣的未來，會受到世界局勢如何的影響而改變？

但是，可以肯定預知的，是現階段臺灣每個人必須把「學習」當成首要面對的最重要議題。讓一切都在「學習」中理解，一切問題都在「學習」中解決。

不同意這樣說法的人，會認為整個世界問題重重，把「學習」當成最

重要的議題，未免小題大作。

別的暫時不談，各廟宇此起彼落的國運抽籤，哪一項不跟「學習」相關？解籤要「學習」，信或不信籤運也要「學習」。學習不單是學習「學習的內容」，更重要的是學習「學習的方法」。

世界各國努力推動「科丁 Coding」的學習，重點在學習「學習的方法」。21 世紀的一切都和「學習的方法」相關。我們不必批判那些相信把國運籤或民調當治國大略的政治人物，但是必須很嚴肅的敬告不信邪的朋友，除非我們比現在或未來製造問題的那些人高竿，想法比他們高明很多，否則，今天世界上的問題一個也無法解決。

2014 年柯 P 當選臺北市長，2016 年年底川普當選美國總統，不是靠民調穩穩的當選，是依賴競選期間，不斷的學習贏得的。

不要以為臺灣面臨的許多問題，和「學習」無關，舉凡「同婚問題」、「一例一休」、「年金改革」或者今天柯 P 和蔡英文總統民調的急速滑落，這些問題的解決和「學習」都是息息相關的。

最近施老師和我們用心談「創易文化」和「Coding 教育」的「學習」，是否又和解決這些政治問題相關？

許多名嘴天天上通告，急著告訴大家臺灣未來的走向，卻是意識十足的吵個不休，一大票未來學家，預測未來的世界到底是什麼模樣？他們的見解又是那麼分歧？每個人是否都需要學習「學習如何判斷的方法？」

施教授投入編著本書，談 Coding 的技術，談「創易文化」所關心的「教育」是「學習」，著眼於提升讀者邏輯運算的能力，不是為了預測未來，而是協助讀者參與未來的塑造，重視的是更眾多的下一代。

　　我們無意，無權力，也無機會指導執政者或在野黨的「政客」或「政治家」如何提升他們的民調，解決面臨的問題。我們溫馨的提醒他們，以前的「學習」著重在「學習的內容」，現在的「學習」，焦點放在「學習過程中，重要元素的串流方法」。

　　「創易文化」和「Coding 教育」的合流，重在：

1. 學習「如何找到解決問題的元素及其串流？」。
2. 學習「如何請人家教你學習的方法？」。
3. 學習「如何通變？如何會通？」。
4. 學習「如何抉擇學習的方法？」。

　　舉一反三或舉三反一，在施老師的創易思考中，他以跨領域的高度，用各個面向的思考來舉例，針對 107 年教育課綱中放入了程式學習，「創易文化」和「Coding 教育」合體，就是其中一個例子。

■ 創易客觀點

我們需要重新「學習」

賴麗君

　　以五十歲的年齡退休，周遭的朋友都認為是輕鬆慢活、自在玩耍的日子開始。他們也疑問著，退休了為何還要去進修 EMBA ？對自己來說，退休這個字眼是生命中一個階段的生活結束，更是另一個階段的生活開始。

　　生活本來就是終而復始，始而復終的循環方式。學習的本質也是如此，每個階段都有不同的學習需求。初來乍到這個世界，牙牙學語是學習；求學階段，隨著年齡的增長，各有不同階段的知識學習；職場上初試啼聲時，為了力求工作上的表現，增強自我的能力，必須在職場上學習；晉升為主管時，同樣還是得學習如何扮演管理者的身分；嫁為人婦，為人媳婦，也必須有角色上的學習；升格為人父母，更是需要重新學習。

　　重新「學習」在我們的生命過程中未曾中斷，更不是難事，懂得「通變」，追求「變通」，養成施教授常耳提面命要有「會通」的思維習慣。任何事務循著「變易」、「簡易」的道理，在人、事、地、物、及「時、位」的變化中，找到「不易」的法則。重新「學習」會是快樂的一件事。

■ 我們需要重新「學習」

　　21 世紀變得很不一樣，同樣是電腦、通訊、網路，技術卻和以前大不相同。不是現在的大人，是現在和未來的孩子，他們將為未來帶來新風貌和新文化。我們現在的大人絕不能置身事外，尤其是學校和家庭，還有那些自以為是的教育達人，和那些腦袋中不時存在「教改」的瘋狂達人，

更需要好好的，深入的為 21 世紀的「學習」方法仔仔細細的想一想。

　　未來的社會和文化在本質上，不但是個人化，很明顯的又須兼具全球性，兩種極端性質的教育本質同時存在，教和學的方法難道不需要重新思索？

　　只要有機會，孩子無不喜愛手機和電腦，只要稍加提點，孩子就能掌握網路。在家庭，在學校，純粹依賴家長耳提面命，想要依靠老師上課的短暫小窗口，能滿足現在孩子的學習需求嗎？

　　現在的 Coding 呈現給孩子的是多元的窗口，他們的「讀、算、寫」不完全是老師課堂上給予的。孩子學習的內容經緯萬端，更充滿了分歧和差異，能完全依賴老師給予嗎？老師有終身學習的熱情嗎？有好的學習方法讓自己終生成長嗎？當老師和家長的，有注意到 21 世紀不完全是「教」的時代。

　　聰明的老師和家長，要能引導學生學習，必須相信孩子可以自己學習、茁壯，可以經由不同的遊戲滿足生活上「讀、算、學」的需求，老師要從旁幫忙學生選擇需要的遊戲，學習新概念，學習「學習的方法」。

　　更有能力的家長和老師，懂得藉由相關工作的推動和模擬，讓學生在「工作中學習，在學習中工作」。學生因此有了自我和社群融合的概念。新的學習方法是既有的社會文化和 Coding 的融合，孩子因為文化、電腦、Coding、網路有了新的學習方法，老師和家長還能用本來的一套教孩子嗎？用這一套讓他們學習嗎？

　　21 世紀是跳脫制式內容的學習，「學習」除了「學習內容」的關注，有更多是關於著力在「學習方法」的學習。在這樣的時代裡，老師和家長需要一本怎樣的書來指導參與？

　　為了深入思考這樣的問題，施老師和他的許多朋友更關心孩子的學習過程。我們深入瞭解，Mitchel Resnick 引以為傲的 Scratch，他的演說內容

「Let's teach kids to code」更是仔細聆聽了好多次。

為了追本溯源,更從 Mitchel Resnick 探索引導他走入這條路的老前輩 Nicholas Negroponte 和 Seymour Papert,進而體會發現 Seymour Papert 和 Marvin Minsky 對於 Scratch 的間接貢獻。

談到我們需要重新學習這個主題時,更需要由 Jean Piaget 和 Jerome Bruner 的貢獻進一步細說因由。

嬰兒探索世界,能看到的就看,能摸到的就摸,很小就懂得用嘴巴去感覺。他們探索的世界很小,但是在他能力範圍內稱得上是鉅細靡遺,他們採用的是「自覺式」的學習,但尚未訴諸言語。對這個階段的孩子而言,收穫稱得上很豐碩。

孩子長大了,接觸到的世界擴大很多,不能用同樣的方法去觸摸和探索。孩子碰到無法藉由直接探索而解決的問題時,得運用知識的方法,開始知道要依賴別人來學習,也瞭解了凡事不能完全從親身體驗而來。孩子逐漸開始懂得選擇,可選擇的東西越來越多,孩子的學習當然產生巨大的變化。

世代交替,既有的文化留下很多仍然合用的學習方法,社會也孕育許多不同的教養孩子的方法,在既有的文化和社會中落地生根的學習方法,都是我們要仔細選擇和學習。

今天的家長和老師為了孩子,該不該重新學習?

溫馨提示：

本書的作者，不是施純協一個人，包括陳茂璋、曾婧玲、賴麗君、林麗紅、詹秋霞從旁協助，所以落款是「創易客」。

本書成書，受到劉文堂、陳德成、王繼光、吳干諸位先進的指導，加上老友周談輝校長在旁不斷的叮嚀，所以本書內容的高度提升很多。

本書第五章的完成是林家慶、陳正中、童喜、黃冠豪、汪永芬、王聖軍、林平三諸位好友拔刀相助，使內容更多元化。

除了感謝親朋好友的協助外，相信相關序言及章節的閱讀，更能補充和修正我個人學力的不足，對讀者更有不同面向的啟示。

第六章：指指點點的教育

要懂得通變，便於發揮指點的教育價值

。資訊和通訊技術的時代，我們總是藉助 digital 設備和機器提升我們的思維深度。

。人類與機器的互動中，總是有一道語義的門檻，要跨越這道門檻，我們必須有哲學「通變」的功夫。

。因為「通變」而能使用「指點」的抉擇方式輕易的「跨越」。

。這種作法也能成為「教育蛻變」中，指指點點的學習方法。

。在資訊和通訊技術的時代中，語義的重要性不但沒有降低，反而提升。

雖然教育是百年樹人的工作，但並非意味著不需要努力尋找紮好根基的教育方法，「創易文化」和「科丁教育」的合體是我們的野人獻曝。

本書強調掌控新時代的新動力；更提醒配合時代的快速變遷。書中特別指出，科技在新時代將扮演很重要的角色，更因應虛擬實境而存在，生活在這樣的環境下，必須在具體與抽象中，有一合度的拿捏，所以需要文化的加入。

文化和 Coding 都是抽象的，需要依賴達人的指點。科丁抽象中有具體，容易理解；文化必須在具體中培養抽象，更需要指點，兩者的合流才能奠定良好的「指點教育」。

2016 年，我們開始另類的科技和文化的合體學習。創新和創客，以「科丁教練的培訓工作」當起點，培養新世代機器人的創造者，開始將最新科技融合在文化和生活中，我們也將學習和事業的經營融於一體，鼓勵創新，也指導創業，知識和智慧大融合的時代啟動了！

我們必須認清，未來的工作和學習必朝多元文化的方向前進，更需要多元的智慧。當老師的，不單是知識的傳播者，更必須隨時居於「指點」的角色，指點的工夫根源於「通變」的修為，更必須有系統的思考能力，不得將工作和學習弄得支離破碎。

6-1 創易文化的根源

《易經》是文化經典；

Coding 是思維武功；

兩者都是很有價值的生活密碼。

密碼也就是 Code，Code 可以有不同層次的運用意義。

它們不僅是一種思維的替代語言，

更有快樂、深層的生存意義，

其中，充滿了資料、資訊、知識和智慧的遞迴增進。

資料是萬事萬物的抽象表示；

資訊是有意涵的資料；

知識是有系統，有體系的資訊；

智慧是能創造附加價值的知識。

這一切的一切，皆可藉助 Scratch 而全面呈現。

　　我們想要闡明聖人的思想，除了註解經書，也要加以靈活運用，更要從 21 世紀的角度發揚經書精闢之處。

　　我們仔細追溯經書的根源，我們的理念不只從經書中發展而來，也融合了現代科技的創易。

　　我們必須隨時隨地「會通」，撥開樹木的枝葉追尋到根本，從觀察水的波瀾而探索到源頭。這樣才能有「變通」的習慣，才能養成「通變」的功夫。

　　為了真正的融合，我們寫作時重視相同與相異，不介意這是古人的智

慧還是今人的看法，一切力求恰當。

　　人類文明的開端，起源於對於太極「自然之道」的認識；最先深入闡明這個神機難測而微妙原理的是《易經》中的卦象。伏羲先畫出八卦，孔子最後寫了《十翼》；而對〈乾〉、〈坤〉兩卦，孔子特地做了〈文言〉。其實，這些用現代科技的語言來說，就是 Coding 過程中的密碼，Code。

　　從伏羲到孔子，由遠古聖人伏羲創立《易經》八卦，到素王孔子闡述先賢遺訓，無一不是根據「自然之道」的精神來著作的，也無一不是鑽研「自然之道」的神妙道理來設立教化的。這些就是本章乾卦「指點」的要素。

　　21 世紀，繼續這些有科學依據的相關事務，也需要依賴 Coding 的過程中，有另類的創客（maker）。

　　現代有了「創客」，然後才能治理國家，制定包舉一切的經典大法，發展各種事業，使古書中的文詞、義理和現代的科技和企業經營的大道理一起發揚光大。由此說明，「自然之道」依靠聖人而留存在他們的著作裡，聖人通過文章來闡明「自然之道」；處處都行得通而無阻礙，天天都用它而不會匱乏，這就是「通變」。

　　本書從震、巽、離、坤、兌……，依照後天八卦的次序說明，其實前面幾卦都是準備動作。天在上，真正要一展身手，則是由此乾卦開始。
　　有好的概念、好的思維、好的方法，要落實還是要靠具體的行動。達人的「指點」非常有必要。

大家知道在教育過程中有很多的阻礙：要面對學生、校長與政策；同時又不能違背自身的理念，所以說「戰乎乾」，真正的戰鬥才正要開始！乾卦浮現的問題，造成衝擊，免不了有一番天人的交戰。

戰鬥有竅門，有可勝之法。

站在「創易文化」的哲學高度，有眾多跨領域知識的「會通」，更有取之不盡，用之不竭的智慧，留待你的「變通」和「通變」！更重要的是，你能隨時把握住「會通」嗎？

一個教育工作者不能墨守成規，要有創造的能力與勇氣，創造的可以是新概念、新思維、新格局，當然，舊瓶新裝、古為今用也是一種創造。

創易實踐的基本認知是「思維」，基本功夫是「邏輯」。

「邏輯」是一門探討思維形式及其規律和方法的科學。

「思維」是人腦對於外界事物間接性及概括性的反應。

修煉創易功夫必須「虛實並具」。

6-2 指點的教育重在「變通、通變和會通」

為了「教育、文化、科技、企業」的融合，我們以《易經》當平臺，強調「變通」、「通變」和「會通」

孔子說：「學而不思則罔；思而不學則殆。」人生許多事物看起來很複雜，其實就只是簡單和另一個簡單之間的變換而已，是自然法則的利用。「夫易，開物成務，冒天下之道，如斯而已者也。」，好一個「開物成務」！

世界時刻在變，唯一不變的是「變」。不管外界如何改變，環境如何複雜，所有的事情經過抽絲剝繭邏輯分析後，我們就會發現，原來所有複雜的事情，往往只是簡單概念的組合與推衍；相反的，簡單的事情，經過邏輯推衍之後，常常隱含著複雜的關係和脈絡。

《易經》中陰與陽、乾與坤，指出宇宙現象的 DNA。乾坤代表男女，只是一個符號，或者進一步叫做「符碼」，就像 a 和 b 或 0 和 1 一樣。乾代表男，坤代表女。乾也可以代表形而上的道，坤代表形而下的器。

形而上的道，代表認知和開物；形而下的器代表實踐和成務。乾所主張的認知和開物是容易，所以叫易知，坤所要履行的事件和成務的能力是很簡單的，《易經》指出最高深的學問是最簡單的。

因為容易所以容易了解，因為簡單才能夠實行。因為容易知道，大家才能有興趣；因為容易做，才能有成就。

在今日 Coding 掛帥的資訊社會裡，能力當然是一條重要的途徑。一個能一生隨時與最新科技生活調適的人，無論在謀生能力與情感生活上，一定都能配合得很好，但是，要記住，其間總是有過程。

很多人指出，一個人的成功要走兩條路：一條是他的專業、一條是他的博雅通識。

這兩條路須螺旋式的成長。

每一個階段都有他個人的專業和相襯的通識，在他的專業鑽研中，得到豐富多元的博雅通識，如何把這些通識轉化為有用的專業知識，是螺旋式成長的關鍵。

專業能力是一個人立足於現代資訊社會的本錢，可是如果個人的生涯窄化到只有專業而沒有博雅的通識，那麼，他的根基將很窄淺，是淺碟子知識。

專業不易生根、生長、茁壯，將會很快的枯萎。為學要像金字塔，底要寬、頂要尖，塔尖是專業，廣大的基底便是通識。

6-3 Coding 必須有人本電腦的修為！

本書雖然以 Scratch 的 Coding 教學為基礎，我們寧可多花一些心力詮釋所謂的人本電腦。便於在《創易客寶典─科丁四部曲》的著作中，融入更多植基於人性的科技元素。

人本電腦的影響將遍及生活的每個層面，不僅攸關高科技的生活方式，也影響人際關係的和諧。在電腦的 Hardware（硬體）、Software（軟體）及 Firmware（韌體）之外，本書特地再加入一個人本電腦，稱之為 Humanware。Humanware 必然是 21 世紀高人生活的關鍵。

Humanware 才能使一個人在運用電腦的時候，有更多的「空位」。在知識上，保留空位，才能包容各種各類的東西，才能進一步發揮認知的作用。

學習過程中，複雜的課題必須用許多不同方式從不同的角度切入。

「比較」是重要的邏輯方法之要素，將在《創意客寶典─科丁四部曲》中，當為實際的「方法」具體論述。

凡事在比較中，可以找到許多的空位。在空位的修煉中，也學會了深層的詮釋，代數是量化的空位，八卦是質化的空位。

在 Coding 的過程中，有很多重要的字，被許多人把它當成專業的術語，對他們而言，存有，卻不存在？

外界事物存在的質與量，受主體個人的特質所影響，因為此主觀性，才有所謂的量力而為，各取所需。用感恩的心，才能唱出「勇敢的做我自己」。

本書在震、巽、離、坤、兌、乾的論述過程中，再三強調，要重視內容的真、結構的美和功能的善。這些還需要坎和艮的補充和結論，請繼續第七章和第八章的閱讀。

對自己而言，我們一直是先抓住內容的真，把握住功能的善，然後很有藝術的發展結構的美。老話一句，就是不能忘掉「變通、通變、會通」這六個字。

對於初學者而言，應該從功能的善著眼，才會有激勵的誘因。由簡介，進入「如何作」，也就是操作方法，當為對初學者激勵的誘因。知道「如何作」，也必須知道「為什麼」而作？

「如何作」是初學者最有興趣，也最能有成就感的部分，能通過這一關的講課，「名師」地位就可以鞏固。

但是21世紀的資訊時代，知識爆炸得很厲害，還必須有一套具有「空位」的有效學習方法。「存有」的東西很多，要曉得自己想要「存在」的是什麼？我們要從「空位」中，學習抉擇。抓得住「空位」，才知道「為什麼」？

6-4 由具體到抽象，由簡到繁！

任何學習的進程都是由具體到抽象，由簡而繁。本書的重點不在科丁技術的細節，重在「教育的蛻變」。

教育必須循序漸進，教學必須由簡而繁。許多複雜事物，都可看成是一個簡單的物件，透過經典、文化與教育，就可以融為一體。

萬事萬物都是一個個物件（object），看似各自獨立，卻又環環相扣、網網相連，這裡面有很重要的螺旋式成長學習精神，而真正的螺旋式成長，必須要「有機」，也就是 organic。

《易經》在 Coding 的配合上，最有價值的是後天八卦的循環觀念，也是本書八章的順序，用黃、橙、綠、黑、藍、紫、紅、棕的顏色次序來表示的原因。這和先天八卦的黑、棕、紅、橙、黃、綠、藍、紫的次序有別。

後天八卦所代表的是循環的觀念，象徵著時間的因素。宇宙萬物的生成，陰陽的消長是逐漸生成的，必須有一定的過程而不是突然變化的歷程。時序運行是一種順序的概念，指的是四季寒暑冷熱的觀念，代表地球繞行太陽公轉，所以後天八卦為：「帝出乎震，齊乎巽，相見乎離，致役乎坤，說言乎兌，戰乎乾，勞乎坎，成言乎艮。」

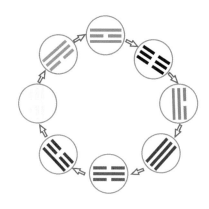

後天八卦的循環圖，可以當為我們 Scratch 的作業。

後天八卦的解釋是：

震為萬物之始，太陽普照，萬物開始生長；巽為春夏交替，鮮明照耀著萬物；離為正夏，明顯看到萬物生長的情況；坤為夏秋交替，大地滋養萬物長成；兌為正秋，果實累累慶秋收；乾為秋冬交替，太陽南行，白晝日短；坎為正冬，萬物開始休息；艮為萬物之終始，為冬轉春之際，代表黑暗過去，光明即將來臨。

這一段話也可設計成牌卡，透過 Scratch 當運轉。

我們將「Scratch」的積木指令設計成拼圖的形式，可將卓越投資桌遊卡的設計，先用「Scratch」的積木指令模擬。

6-5 形式理論的多彩多姿世界

本書總是站在教育的立場，跨領域的融合科技和文化，一路推論，現在進入「指點」的階段。今天推動科丁教育，如不能融合在教育和文化之中，將是單調、疏離和冷漠。從這個方向著眼，不是直接從科技著手，將是以蜘蛛人的概念延伸學習的內涵。

創新、創客、機器人總是能在《易經》為背景的「創易」中湧現，而《易經》文化，歷久彌新，總是有驚人的知慧發現，知慧是知識和智慧。

多彩多姿的八卦世界來自於「形式理論」的抽象價值，《易經》八卦的抽象價值在哪裡？

1. 八卦是從天、地、山、澤、雷、風、水、火等具體相對存在的生活中，抽離出來的非具體意涵，多彩多姿的八卦運用過程，產生多彩多姿的八卦世界。

2. 藉助八卦抽象的多彩多姿，讓我們有能力在錯綜複雜的個別事物間，尋找並發現事物共通的屬性。

3. 在八卦特殊互異的事物中，我們有能力詮釋更多事物之間的普遍意義。

4. 多彩多姿的八卦世界，引導我們在靜態的環境中，開發動態進步的原動力。

5. 透過靜態和動態的串流活動，讓我們能在有限的實體情境中，探索無限的可能。

6. 我們從八卦抽象的形式理論，進入科丁具體多元的表現。

人類最大的困境是很容易被自己的思想給困住，就像如果過分迷戀一個特定的對象，心靈成長會被困住一樣。

「理性的人改變自己去適應環境，非理性的人改造環境來適應自己。」

抽象是思考之母，抽象是美、抽象是大，抽象無所不包，所以最有樂趣。你試過在具體的人生中，加一點抽象？

現在 Coding 的結果，固然可以讓我們很有美感又很具體得到理解，不過留下的想像空間有限，很難讓我們想像力有發揮的空間。相反的，文字能夠激發意象和隱喻，能夠從想像和經驗中衍生出豐富的意義。而抽象的東西在某些時地上更能讓我們透過虛擬與具體的互動，而衍生出人生中進步的原動力。「應無所住而生其心」此之謂也。

所以，Coding 的過程就很具有意義，是功能的善。

溫馨提示：
本書將乾卦定義為：
偶然的偶然的偶然（☰），
重在偶然出現的事物，更需要「形式理論」的思維啟發。

6-6 八卦的思維？

思維是人腦對於外界事物之間接性和概括性的反應。

思維的概括性是指思維不僅能夠反應個別事物，也能反映一「類」事物；不僅能夠反應事物偶然的、非本質的屬性；也能反映出他們共同的本質屬性。所以，要能夠將事物分門別類，必須要有謹慎而縝密的思維，來找出事物的本質屬性。

人類為了本身的生存和發展，要探索本身具有的思維能力；為了同樣的目的，也必須放寬視野與心胸，去「思維」宇宙自然的和諧互動。「靜觀自得」是很好的境界。「道在悟真」，悟是內省的思維。

拼圖和組合積木，相似的是：他們都需要思維，間接性、概括性的反應是必須的。

人類幾千年來留下的經驗和智慧，有如一筆數字驚人的銀行存款，可以讓有智慧、有知識的人取之不盡，用之不竭。道理很淺顯，蘊含在其內的只是一個「虛與實」的重要概念。

人生許多事物看起來很複雜，其實就在虛實之間變換而已。

蜘蛛是自然界的編織高手，經緯分明，不管環境如何，都有能力編織成亮麗的絲綢，絲，看似輕薄，卻堅韌無比。今日學習科丁（Coding），從電腦的認識和應用開始，加上古老的《易經》智慧，不管面對怎樣的知識都能將它們有效的跨接在一起。

乾	兌	離	震	巽	坎	艮	坤
☰	☱	☲	☳	☴	☵	☶	☷

練功房：試以 Scratch 活用你的想像力，發揮科丁的價值。

因為容易所以容易了解，因為簡單才能夠實行。因為容易知道，大家才能有興趣；因為容易做，才能有成就。這一連串的因果相生就像這樣簡單的鍵接下去，層層升高。只是你是否有緣？有分？

兩儀生四象，是二位元的二進位表示而已：00、01、10、11。

不過《易經》被視為不容易理解的密碼，本身就不是單純的量化數碼，另再加上有意義的質碼概念：

00 稱為太陰（▬▬ ▬▬）；

01 稱為少陽（▬▬ ▬▬）；

10 則為少陰（▬▬ ▬▬）；

11 可就得賦予它一個更為火熱亮麗的名稱，就叫做太陽（▬▬▬▬）。

《易經》中的四象既然是一種二進位的「質碼」，就可以有不同的質性代表函數。例如以陽爻表內隱的知識，陰爻表外顯的知識，則：

1. 太陰（▬▬ ▬▬）就可解讀為讓顯性的知識，更加顯性，而成為更容易學習的知識；

2. 少陽（▬▬ ▬▬）為顯性的知識，由於編碼為隱性的知識，更有深層思索的空間，由具體轉向抽象，凡夫俗子在閱讀有了障礙時，如果願意用心去心領神會，一旦茅塞頓開，就能豁然貫通，又提升了一個境界；

3. 少陰（▬▬ ▬▬）為隱性的知識，由於解碼為顯性的知識，更能為一般人所理解而吸收；

4. 太陽（█████）為隱性的知識，在抽象的境界中縷析條分，更深層的成為經典之思，這個境界之高，深不可測，令人刮目相看。

透過《易經》編碼和解碼的表達，讓我們對許多難解的問題和知識終於能夠一以貫通。許多看似完全不同的事情，終於能夠找到律則和軌跡，萬殊合契，而能結合並歸納在一起，「指點」就是必須有這種「功力」。

名稱	乾	兌	離	震	巽	坎	艮	坤
符號	☰	☱	☲	☳	☴	☵	☶	☷
二進位碼	111_2	110_2	101_2	100_2	011_2	010_2	001_2	000_2
十進位碼	7	6	5	4	3	2	1	0

練功房：試以 Scratch 活用你的想像力發揮科丁的價值。

編碼：將人類習用的符號編成一種可藉助機械或其他方式處理的代碼，用以表示某一訊息的內容或處理過程。例如：

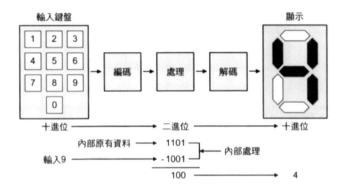

圖中是假設電腦內部原有資料為 13（1101_2），再由鍵盤輸入信號 9，藉由電腦編成二進碼 1001_2 來處理，與存在電腦中的 1101_2 相減，信號為 100_2，再由解碼器將 100_2 解碼，執行減法的結果後，信號顯示讀到了我們懂的十進位數 4（100_2）。

6-7 讀經和動畫

說卦傳介紹八卦的卦象，以及相關的問題。

只要再接再厲，勤讀說卦傳，歡天喜地朗誦說卦傳，就能怡情悅性自得其樂。

我們要為《易經》廣泛的宣揚，讓全球華人都能輕鬆閱讀。

2017年的3月3日，在林口資源中心，有「親子創易讀經班」的開課，是指點的教育，有興趣的科丁教練也可試試。

■ 第一章

昔者聖人之作易也，幽贊於神明而生蓍。

參天兩地而倚數，觀變於陰陽而立卦，

發揮於剛柔而生爻，和順於道德而理於義，

窮理盡性以至於命。

■ 第二章

昔者聖人之作易也，將以順性命之理。

是以立天之道，

曰陰與陽，

立地之道，

曰柔與剛，

立人之道，

曰仁與義，

兼三才而兩之，

故易六畫而成卦。

乾	☰	天	巽	☴	風
兌	☱	澤	坎	☵	水
離	☲	火	艮	☶	山
震	☳	雷	坤	☷	地

分陰分陽，

迭用柔剛，

故易六位而成章。

■ 第三章

天地定位，

山澤通氣，

雷風相薄，

水火不相射，

八卦相錯，

數往者順，

知來者逆，

是故易，逆數也。

■ 第四章

雷以動之，

風以散之，

雨以潤之，

日以烜之，

艮以止之，

兌以說之，

乾以君之，

坤以藏之。

■ 第五章

帝出乎震，

齊乎巽，

相見乎離，

致役乎坤，

說言乎兌，

戰乎乾，

勞乎坎，

成言乎艮。

萬物出乎震，震，東方也。

齊乎巽，巽，東南也；

齊也者，言萬物之絜齊也。

離也者，明也，萬物皆相見南方之卦也；

聖人南面而聽天下，嚮明而治，蓋取諸此也。

坤也者，地也，

萬物皆致養焉，故曰致役乎坤。

兌，正秋也，

萬物之所說也，故曰說言乎兌。

戰乎乾，乾，西北之卦也，言陰陽相薄也。

坎者，水也，

正北方之卦也，

勞卦也，萬物之所歸也，故曰勞乎坎。

艮，東北之卦也，

萬物之所成終而所成始也，故曰成言乎艮。

■ 第六章

神也者，

妙萬物而為言者也。

動萬物者莫疾乎雷，

橈萬物者莫疾乎風，

燥萬物者莫熯乎火，

說萬物者莫說乎澤，

潤萬物者莫潤乎水，

終萬物始萬物者莫盛乎艮。

故水火相逮，雷風不相悖，山澤通氣，然後能變化，既成萬物也。

■ 第七章

乾，健也；

坤，順也；

震，動也；

巽，入也；

坎，陷也；

離，麗也；

艮，止也；

兌，說也。

乾	☰	健
坤	☷	順
震		動
巽	☴	入
坎	☵	陷
離	☲	麗
艮	☶	止
兌	☱	說

■ 第八章

乾為馬，

坤為牛，

震為龍，

巽為雞，

坎為豕，

離為雉，

艮為狗，

兌為羊。

乾	☰	馬
坤	☷	牛
震	☳	龍
巽	☴	雞
坎	☵	豕
離	☲	雉
艮	☶	狗
兌	☱	羊

■ 第九章

乾為首，

坤為腹，

震為足，

巽為股，

坎為耳，

離為目，

艮為手，

兌為口。

乾	☰	首
坤	☷	腹
震	☳	足
巽	☴	股
坎	☵	耳
離	☲	目
艮	☶	手
兌	☱	口

■ 第十章

乾，天也，故稱乎父；

坤，地也，故稱乎母。

震一索而得男，故謂之長男；

巽一索而得女，故謂之長女；

坎再索而得男，故謂之中男；

離再索而得女，故謂之中女；

艮三索而得男，故謂之少男；

兌三索而得女，故謂之少女。

乾	☰	天父
坤	☷	地母
震		長男
巽	☴	長女
坎	☵	中男
離	☲	中女
艮	☶	少男
兌	☱	少女

⟳ 回顧重點

《易經》是「有機積木」的首創者

- 資訊和通訊技術的時代，我們總是藉助 digital 設備和機器提升我們的思維深度。
- 人類與機器的互動中，總是有一道語義的門檻，要跨越這道門檻，我們必須有哲學「通變」的功夫。
- 因為「通變」而能使用「指點」的抉擇方式輕易的「跨越」。
- 這種作法也能成為「教育蛻變」中，指指點點的學習方法。
- 在資訊和通訊技術的時代中，語義的重要性不但沒有降低，反而提升。

企業的組成，由個人、團體、組織、而企業，層層遞迴增進。要有好的個人組成好的團體，才有優秀的組織，有精良優秀的組織，才會有健全的企業。

企業的成長，依賴優質的教育，Coding 強調有機的積木概念，值得推廣。《易經》是「有機積木」的首創者。

兩物為群機莫測

雙形入畫意相關

現在可藉助 Coding，運用 Scratch 展現。

我們由太極、兩儀、四象，從其符號的認識，再藉由文字激盪出想像的空間。實際上，八卦更重要。不過，凡事必須循序漸進，要有系統的認知，汲取重要的概念，更必須再三的深入。

1. 八卦可由四象的代數式延伸

$(a+b)^2 = a^2 + 2ab + b^2$		
a^2	$2ab$	b^2
▆▆▆太陽	▆▆ ▆▆少陰 ▆▆ ▆▆少陽	▆▆ ▆▆太陰

2. 八卦的符號和代數式

$(a+b)^3 = a^3 + 3a^2b + 3ab^2 + b^3$			
a^3	$3a^2b$	$3ab^2$	b^3
▆▆▆（乾）	（兌） （離） （巽）	（艮） （坎） （震）	▆▆ ▆▆（坤）

當八卦新聞充斥現在媒體的版面之際，透過 Coding 教育，讓世人了解真正八卦的精髓，不正是時候？「此八卦非彼八卦」。

萬事萬物皆有內容和形式，

相同的內容，可藉由不同的形式表現，

相同的形式，可套用不同的內容。

這正是「Coding 教育」和「創易文化」跨接在一起最具體的修練功夫。一千多年前，劉勰的《文心雕龍》雖然無法預知今日的科技世界，但至少強調：

「宇宙無窮無盡，常人和賢才混雜在一起，才能出類拔萃」，但是人的才智不能永遠存在，要使聲名和功業留傳下來只有靠寫作。

21 世紀的今天，Coding 和創易文化合流的「創客」（maker），可以

具體的貢獻社會。人的生命有限，學問無邊無際，要理解事物的真相確實很困難，依憑自然天性瞭解就比較容易。

《文心雕龍》「原道第一」，不管是三才、四象、五行、八卦所談論的都是自然之道，本書強調從自然語言開始，來自「原道」的提示。《創易客寶典—科丁四部曲》有更系統的論述。人類文明的開端，起始於太極的自然之道。21 世紀繼續自然之道，透過 Coding，而有另類的「創客」。

《文心雕龍》強調「徵聖第二」，要我們進一步效法聖人。

「聖」字是「耳＋口＋王」，王字代表地人天的貫穿，聖人不但是王，還必須用耳朵傾聽眾人的心聲，用口細說任何事物的來龍去脈。

上面這一段，若用 Scratch 表示，是否更為生動？聖人能夠窮究精妙的道理。

「創易文化」以《易經》當平臺，在《文心雕龍》第三篇「宗經」提到。本書尊奉《易經》的「自然之道」，因為效法經書，至少有六個優點：

第一、感情深摯不虛假。
第二、作風純正不離亂。
第三、事例真實不荒誕。
第四、義理正確不歪曲。
第五、體裁精約不繁離。
第六、文辭華麗不過分。

《文心雕龍》有「正緯第四」，因為劉勰知道，經典年代久遠，記載不清楚，後人又喜好假託荒誕不經的傳說，造作了緯書。因此，真的雖然還存在，假的也同時附在裡面了。尤其讖書的穿鑿附會，更是迷惑後代。

所以今天「Coding 教育」和「創易文化」跨接在一起，正好可避免讖緯之荒誕不經。

溫馨提示：

Coding 和創易文化合體的教學，最重視的是「第六章 指指點點的教育」。

在「資訊和通訊科技」(ICTs) 發達的時代，最重視的是「變通」和「通變」，但是最有必要的是培養「會通」的習慣和能力。

不只重視一群人的腦力震盪；也要和古人神交，「多識前言往行」經典的智慧不得忽視。

◎ 前瞻未來
通變的指點教育價值

　　本書的寫作融入了「創易客」一群人，幾十年的學習和教學經驗，更有早年許多其他朋友的幫助，加上科丁聯盟眾多教練的智慧，林口資源中心的實作空間，當然不能夠只寫這本書而已。我必須鄭重的告訴好朋友，我們不以 Scratch 的運用為滿足，至少要加入「Arduino」，「真知力行」才能有更高的境界。為了真正的循序漸進，在《創易客寶典—科丁四部曲》入門篇中加入了 mBlock，便於和「Arduino」無縫接軌，不過「技術」的進階不是本書最主要的目的，為本書有實作的方向。。

　　「我所好者道也。」在「mBlock 真知力行的學習」之後，更可以看到成效。這裡借用《莊子》養生主篇闡釋游刃有餘，然後再一次強調「科技與文化」、「知識和智慧」的合體價值。

　　當然，有始必須有終，本書必須有讀者心得和成果的呈現。

　　本書建議，教育主管、父母及老師們，必須加強網路素養，希望繼續第七章的閱讀，不能只懂得對孩子顯耀自己豐富的經驗，更需要的是「通變的指點教育價值」。

　　本書一直強調終身學習、終生成長，更建議教育主管、父母、老師們，必須有系統的邏輯思考能力，才不致把許多好事弄得支離破碎。

創易客觀點

科技教育是蛻變

賴麗君

身為當今的父母，在日常生活中自我學習是不容放緩的必然事情，更遑論是為了孩子的身教而為，為了自我生命的延續，學習是需要源源不斷的自然發展。舉個最簡單的例子，過去認為只要運動可以健身，只要能吃就可以維持生命……

現在呢？運動要懂得掌握核心肌群的鍛鍊，養身的飲食觀念充斥在日常生活中。這些都是我們生活中文化的一部分，更隨著知識的深入探索，科技文明的延伸，我們也自然而然有了學習和被教育的蛻變。

就好比說話、溝通一直存在於人與人之間沒有改變，隨著科技的演變，人與人之間的溝通有了截然不同的方式。反之，沒有了科技的存在，人與人之間的溝通還是會存在，而學習如何做好溝通的方法，才是文化源源流長的必然本質。

■ 文化和教育源遠流長，科技教育是蛻變！

今天談 Coding 教育，和「創易文化」合流，是必然的必然的必然。

《易經》留傳幾千年，相關的卦文甚具智慧，概念清晰，步驟嚴謹，仍然適用於現在。今天 Coding 教育的推動。例如：

1. 蒙卦，適合於今天 Coding 教育的啟蒙，其中更有學習方法的提示。
2. 家人卦，提醒一家人和樂的一起學習 Coding。言有物，行有恆是

精髓。

3. 師卦，領導統御與潛移默化雙管齊下的 Coding 教和學。

4. 兌卦，重在朋友講習，相互切磋，加上現在網路的通訊，Coding 的學習，無遠弗屆。

科技的創新並非突變，更不是革命，和文化教育並非毫不相關的兩碼子事。

真正的突飛猛進來自於科技加上文化和教育引發的蛻變。

以 Coding 的教育而言，如果說是從 Michel Resnick 的 Scratch 語言開始，並非事實。電腦教育早就存在，程式設計的教學早已成熟，數位世界自古就已存有，在《易經》中，兩儀、四象、八卦及六十四卦已運用了幾千年。受到重視，並非今日才開始，Nicholas Negroponte 的《Being Digital》早就廣受囑目，現在學習 Coding 還是得從根談起。

Digital 概念的運用一直未中斷。陽爻和陰爻的符號比 0 和 1 二進位數字的使用早了幾千年，而 ON 和 OFF 的機械操作，自古至今未曾間斷。真正蓬勃發展的運用和萊布尼茲的二進位數學，有密不可分的淵源關係。

施老師指導我們，Coding 的學習不能落入科技的窠臼，文化才能久遠，教育才知道如何深入和淺出。

創易客觀點

「會通」的哲學高度！

林麗紅

曾在電子、科技業界任職國外行銷業務主管的我，因緣際會認識了施教授，為這位智者的「學不厭，教不倦」的精神所震撼！心中一直希望跟他學習，或有機會也能略盡棉薄之力協助他推廣創易文化的理念。

很幸運的在 2016 年 11 月參加唯一由施教授全程參與、教導的「臺中科丁班三期」。從此也在他的帶領下進入跨領域的學習；他經常藉著 FB 的 PO 文與大家分享學習方法，尤其是「會通」的概念及 SOP。

他說：

談學習的「學習方法」，我從「Coding」的學習開始，強調「文化教育源遠流長，科技教育是蛻變」，更跨領域的將「創易文化」和「Coding 教學」融於一體，這時，不能不談一談《易經》的智慧「變易、簡易、不易」及其衍生的活動價值「變通、通變、會通」，尤其是會通的概念及其 SOP。

經典不是高不可攀，也不是專為供奉而陳的裝飾品，經典是遠比理論好的書。經典是好書中的好書，經過時間和空間的考驗，是普遍性，是永恆性的，但在不同的年代和環境，需要更深入，更具體的詮釋。它將開潤我們人生的視野，豐富人生的想法。

以《易經》為例，它是有系統性的邏輯體系，引導我們，讓我們不必

被無意義的問題或事件所困擾，透過經典中的體系，花費較少的心力，融入我們一輩子既有的經驗，和終生學習所擁有的知識和智慧，你將體悟更多通用的「學習方法」。

《文心雕龍》作者劉勰指出《易經》是專門說天道人事的自然法則，講得精深微妙，而且可應用於實際。他引用《易經》：

「夫《易》惟談天，入神致用，故《繫》稱：旨遠、辭文、言中、事隱。」劉勰強調《繫辭傳》稱讚《易經》的意旨深遠，辭句富有文采，言語中肯，事理深奧。

劉勰更在《文心雕龍》的第二十九章提出《易經》「通變」的重要概念。「是以規略文統，宜宏大體。先博覽以精閱，總綱紀而攝契；然後拓衢路，置關鍵，長轡遠御，從容按節，憑情以會通，負氣以適變，采如宛如虹之奮髻，光若長離之振翼，乃穎脫之文矣。若乃齷齪于偏解，矜激乎一致，此庭間之迴驟，豈萬里之遙步哉！」

這段話似為寫作之關鍵而作，實際是《易經》「變通、通變、會通」之詮釋，「變易、簡易、不易」之案例。凡事必須實虛通合，宜著重於整體，先博覽再精細閱讀，先掌握大綱細目，攝取要領再著手實務。要注意關鍵處，才能放長轡繩，駕馬遠行，也才能從容的按節前進。以自己的感觸和古人神交「會通」，依據自己的氣質，適應新的變革，不侷限於片面的理解，不偏激的炫耀自己一得之見。千萬記住，如果只在院子裡駕馬迴圈，那裡像是在萬里的長途上奔馳？

實際上施教授撰寫本文是最近為了帶領創易客團隊推動「創易文化」

和「Coding 教育」和「創易文化」合體而整理出來的稿本。將內容化為學習「學習的方法」。團隊成員早就將「變通、通變、會通、變易、簡易、不易」十二個字當成一體。

團隊成員強調：「會通」是依賴「會聚」的互動和切磋，其中更包含經典的精髓。因而能使問題解決，事物的進行通暢無阻。

在團隊運作時，施教授也指示大家要先明理，默契就自然不必多；與朋友間互相學習交流也不外乎把握幾個重點：

（1）最直接的會通是樂意上進的朋友聚在一起，針對實際事物的理解或問題的解決面對面的討論。

（2）「會通」的抽象方法是快樂的和不認識或不曾深交的「達人」神交。自古以來，不少賢哲累積了取之不盡用之不竭的通用智慧，雖然無緣面對面的暢談，卻可以因為「神交」而體悟。

施教授個人將近一甲子在不同的領域中用心教學，也累積了一些通用的「學習方法」，雖然無緣和許多朋友面對面的切磋，還是很樂意不厭其煩的 PO 文談「學習的方法」。

感恩科技正面的貢獻！

第七章：驕者必敗

不能只知顯耀自己豐富的經驗

○ 資訊和通訊技術帶來有關我們是誰？怎樣彼此互動。

○ 這些是深層的哲學問題，在資訊和通訊技術的時代，更需要
　哲學的高度。

○ 我們將透過哲學的高度，使人類和 digital 技術之間更容易分
　享資訊，影響相互之間的關係。

○ 自己個人或組織的經驗有其侷限性，哲學性社會化開放的資
　訊與通訊技術，讓我們更清晰的看到世界美好的一切。

「戰乎乾」指出，當我們的經驗越來越豐富，能力越來越高時，不管是孩子還是大人，總是開始目中無人，忘記一山還有一山高。

更糟糕的是，若是學校、老師或家長自滿時，很容易讓孩子覺得自己周圍的大人、自己就讀的學校，將遠遠落後學生心目中認知的社會。這時，在孩子的眼中，父母、老師、學校，將漸失其「指點」的角色，緊接著，孩子開始不信任教學，連管教的問題也變得越來越困難。

創新、創客、機器人總是能在《易經》為背景的「創易」中湧現，而《易經》文化，歷久彌新，總是有驚人的知慧發現，知慧是知識和智慧。

本書成果的驗收，不單是技術，更重視「道」。

當老師的，總認為客觀的提供學習內容是優質的教學習慣。其實主觀和客觀是兩個相對概念，本身就有優劣的「時位」，在不同的「人事地物」也會有不一樣的評價。

就人格特質來說，客觀是否一定優？主觀是否一定劣？

客觀固然是好，過度客觀的人格屬性將是優柔寡斷；過度主觀者，總是喜歡玩弄權力的遊戲。

《易經》提醒我們，人類對於事物的看法是陽中有陰，陰中有陽，主觀中有客觀，客觀中有主觀。

太極是陽中有陰，陰中有陽，是主觀和客觀兩個屬性分開並存，但主觀中有客觀，客觀中有主觀。

太極生出陰陽兩儀，指出這種太極有主觀和客觀兩種相反，但互補的元素。

蛻變的教育，至少必須要有兩面：

1. 關心教育的人士，不管是主管教育政策和推動教育工作的部長、局長或校長，都要記得，有時要鳥瞰，有時必須蟲瞰。
2. 不同領域的家長和老師，他們對於教育的看法，必須有「眾觀」和「慧觀」的兩面，才有蛻變的機會。「眾觀」是整體的考慮學習者，「慧觀」則是不漏失個別的差異。

「蛻變」必須有過程中的串流，《易經》中的「道」有值得我們借鏡的 SOP。

7-1 資訊老師經驗太多，有時反而不是好事

「創易文化」推論出，未來的世界是資料、資訊和知識仍然快速的增加，工作的方式越來越容易。人生就是相似，相似的人生，簡單而有力量。但是，資深的工作人員，尤其是老師，太執著於舊有的經驗，不懂得讓眾人眾多的經驗由量變而變成質變，這種執著於個人經驗的習慣，對於學生不是一樁好事。

談教育並非專指未來的趨勢！我們要重視未來孩子的出路，正確的指導他們究竟應該學些什麼，才能順理成章的配合未來的趨勢。

談未來，學校要根據未來孩子的需要，但是也要衡量我們的現況，尤其是新進的科技。談未來的學習，總是要濃縮過去的教育和文化，我們必須注重文化、教育和科技的整合。文化是過去生活的濃縮，教育是現況的發揮，科技是現在的趨勢和未來的預估。

國外的Coding教育以STEM為主要目標。「Stem」的英文本意是主幹，現在是風靡美國的教育。是科學、技術、工程、數學四個英文單字的組合：

S：Science

T：Technology

E：Engineering

M：Mathematics

STEM教育並非四者疊加的單純教育，重在把其他學科的內容和科學、技術、教育和數學融合在一起，運用到日常生活中，培養創新的精神和實踐能力。

　　美國 STEM 教育的推動，不是單純仰賴政府的力量，不是依靠學校的推動，是動員了社會全體的力量，尤其是企業界全力的協助，臺灣科丁聯盟協會將不遑多讓。

　　從教育目標的系統而言，STEM 重在學生科學、技術、工程和數學領域及相關交叉領域素養的融合，四門學科必須緊密相連，以整合的教學方式，培養學生在學習的趣味中，跨學科領域，依據實際的情境，相互合作的去體驗、體會和體悟，進而能夠共同設計，提升更上一層樓的能力。但是，我還是要提醒大家，不能忽視我們的文化和社會的現況。

　　本書採用 Scratch 當主要工具，但不能欠缺 STEM 的整合能力。我們將在《創易客寶典—科丁四部曲》入門篇中，深入提供申論的具體案例。

7-2 mBlock 真知力行的學習

為了讓 Scratch 和 Arduino 無縫接軌，這裡先提醒 mBlock 的學習。mBlock 是 Make Block 公司在 2015 年推出的教育用小型機器人，不但支援 Scratch 團隊化的程式設計，提供便利的操控，又以 Arduino 微電腦架構，搭載直流馬達、蜂鳴器、LED、超音波感測器、紅外線感測器等元件，可以執行知行合一的 Coding 教學工作。

Scratch、mBlock 和 Arduino 整合在一起正是時候。

mBlock 是以 Scratch 2.0 為基礎，再加上 200 餘項的改進開發而成。它讓我們可以用堆疊與拖曳積木的方式，學習程式設計、控制機器人與 Arduino。

mBlock 提供一個「Arduino mode」功能，能夠將 Scratch 中的積木式程式語言轉換為 Arduino 程式語言，並且可以將轉換後的程式直接上傳至 Arduino 微控板，也可以進一步開啟 Arduino IDE 進行程式的編輯、修改與上傳。

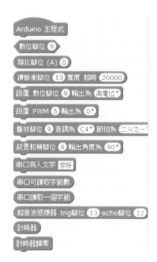

7-3 S4A（mBlock）和 Scratch、Arduino 的銜接

mBlock 可做為 Scratch 銜接至 Arduino 微控板開發應用的敲門磚，讓 Arduino 初學者觀察到 Arduino 程式碼的長相為何，並進一步發揮 Arduino 微控板的功能。

一、mBlock 的下載與安裝

首先，可到 mBlock 的官網 http://www.mblock.cc/zh-home 下載 mBlock IDE，如圖 7-3-1 所示，此處請依個人電腦作業系統的不同，選擇下載 Windows 版或 Mac 版，下載完成後接著安裝 mBlock IDE，安裝完成的 Windows 版 mBlock 如圖 7-3-2 所示。

圖 7-3-1 mBlock 官網首頁畫面

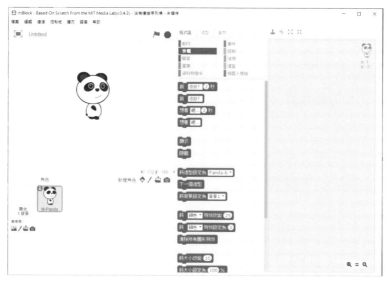

圖 7-3-11

mBlock IDE 與 Scratch IDE 的操作介面外觀很類似，除了貓咪被換成貓熊外，主要的差異在下拉式功能表與程式積木，如圖 7-3-3。

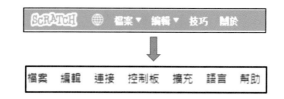

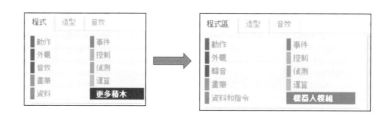

圖 7-3-3 mBlock IDE 與 Scratch IDE 的主要差異

安裝完 mBlock IDE 後，接著點選功能表的「連接/安裝 Arduino 驅動」，安裝 mBlock 支援的 Arduino 微控板驅動程式，至於 mBlock 支援那些微控板呢？我們可以在功能表的「控制板」中查看，如圖 7-3-4。

圖 7-3-4 mBlock 支援的微控板

二、連接 Arduino Uno 微控板

以 Arduino Uno 微控板所附的 USB 連接線，將 Uno 板與個人電腦連接起來，連接好之後，Uno 板上的電源指示燈應會點亮，如果你已經完成驅動程式的安裝，此時應可以在 Windows 的「控制臺\系統及安全性\系統\裝置管理員\連接埠（COM 和 LPT）」中看到 Arduino Uno，請記下其所連接的埠號，例如圖 7-3-5 中的埠號為 COM4。

圖 7-3-5 請記下 Arduino Uno 所連接的埠號

接著，在 mBlock 的功能表選單「連接 / 序列埠」中選擇 Uno 所連接的埠號，這時會在 mBlock 的標題列上呈現「序列埠已連接」的字樣，再接著在功能表選單「控制板」中選擇「Arduino Uno」，再回到功能表選單「連接」，即可看到「更新韌體」字樣，如圖 7-3-6。

圖 7-3-6 完成 mBlock 與 Arduino Uno 的連接

三、第一個 mBlock 程式──閃爍控制 Uno 板上的 LED

1. 請在 mBlock 的腳本區中拖曳完成如圖 7-3-7 所示的程式區塊，其中的「設置數位腳位 13 輸出」積木，請從「機器人模組」中取用。程式的作用是：當綠旗被按下後，數位腳位 13 會以 1 秒鐘的間隔不斷切換高低電位。高電位時，LED 會被點亮；低電位時，LED 會熄滅，如此就可控制接在 Uno 微控板數位腳位 13 的 LED 閃爍。

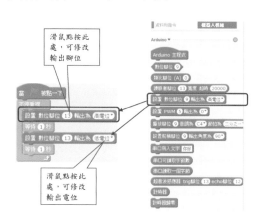

2.完成程式區塊後，請選按 mBlock 的功能表選單「檔案／保存專案」，將之儲存為 Blink.sb2。

3.接著，請選按 mBlock 的功能表選單「連接／更新韌體」，此時會看到更新韌體的進度，完成後會出現「上傳完成」的訊息（圖 7-3-8），而 Uno 微控板上的 LED（L）會開始閃爍（圖 7-3-9）。這裡的更新韌體指的是，由 mBlock 上傳一個以 Arduino 程式語言撰寫的程式碼至 Uno 微控板，這個程式會透過序列埠，在微控板與 mBlock 之間進行溝通。

圖 7-3-8 韌體更新的過程

4.圖 7-3-7 的程式，只有在 mBlock 開啟狀態下才能執行，如果要令程式在沒有 mBlock 的情況下，只要 Uno 微控板有通電，程式即會執行的話，必須要將程式區塊最上面的綠旗積木，更換成機器人模組中的「Arduino 主程式」積木，如圖 7-3-10 所示。

圖 7-3-10 改寫後的程式區塊

249

5.完成程式區塊改寫後，請選按 mBlock 的功能表選單「檔案 / 保存專案」進行存檔。接著執行選單「編輯 /Arduino 模式」，即可看到轉換後的 Arduino 程式碼，如圖 7-3-11 所示。此處無法編輯 Arduino 程式碼，必須先安裝 Arduino IDE，再點按圖 7-3-11 右上角處的「用 Arduino IDE 編輯」才可以。

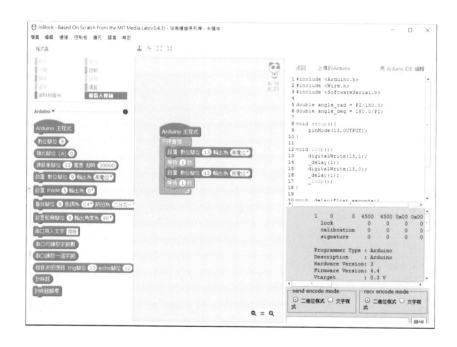

6.接著點按圖 7-3-11 右上方的「上傳到 Arduino」，將程式上傳到 Uno 板中。

更詳細的學習，留待《創易客寶典—科丁入門篇》。

7-4 游刃必有餘地，驕者必敗

本書的編寫採取螺旋式循環成長的方式，使讀者在不斷閱讀和學習中充實更多的經驗。從第一頁開始，經過六章進入第七章，反而把章名叫做「驕者必敗」，來自於後天八卦的「勞乎坎」，這是《易經》智慧的提醒。每一個人在經驗增加的過程中，都會增加自信心，很多的經驗，常常產生過度的自信心。

在本書中，我們透過「勞乎坎」提醒有經驗的 Coding 老手，尤其是教練或老師經驗過多反而不是好事。建議這些專家要懂得「量變」變成「質變」的必要性，如此才能提升「規模的層次」（order of magnitude）。

「勞乎坎」的坎卦特別提醒「行動」不得有意識形態，必須是正確的理念。但是，如果只是工作經驗的增多，而變成過度自信的理念，將陷入另一個自我意識的坎陷中，是陰溝裡翻船的最主要原因。

在我們的四周，有些人能力很強，工作效率很高，當我們見到這些人輕鬆愉快的圓滿達成任務時，我們不禁從心裡發出讚嘆：「游刃有餘」。

「游刃有餘」出自哪裡，我沒有做過考證，只記得在《莊子》的養生主篇中曾以寓言的方式描述過「游刃必有餘地」這句話。

我們不要只是讚嘆而已，要以本書的學習當案例，對於 Scratch 的學習達到「游刃有餘地」，必須體會下列的三種表格：

1. Scratch 2 offline Editor

2. Scripts 1

3. Scripts 2

電腦資訊之發明與應用，給人類帶來了一次大衝擊。大家開始瞭解必須學習電腦資訊，因為其正影響著我們的生活、工作和娛樂方式。

但是，並非每個人的影響都是一樣的。例如：學習電腦資訊時，隨著讀者閱歷之深淺，會有不同程度的領會和悟解。

《幽夢影》作者張心齋先生說：「少年讀書，如隙中窺月；中年讀書，如庭中望月；老年讀書如臺上玩月。皆以閱歷之淺深，為所得之淺深耳。」

後天八卦的坎卦（☵）象徵水。水雖能滋潤萬物，但也隱藏著危險。不知深淺的水坑，更是難測的陷阱。

凡事有虛擬有實體，Scratch 的電腦虛擬指令將在接下來的幾頁中，完整的呈現。我們也有實體的模擬拼圖，請各位對照並操作。

請各位閱讀這三張表格時，回頭詳細思考下列四個章節：
1.1-4　Scratch 可以是人生的模擬舞臺（39~40 頁）
2.1-5　「教育蛻變」必須用積木式的智慧來貫穿（41~43 頁）
3.1-6　教育蛻變的定位（44~45 頁）
4.1-7　HOC 的初步體驗（46~55 頁）

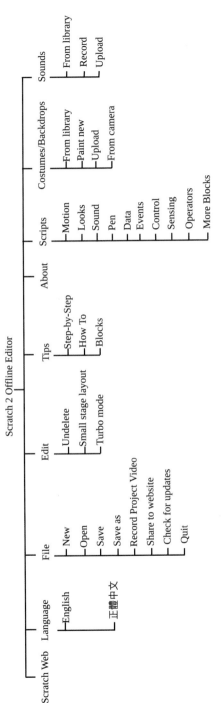

Scripts 的十項操作，有邏輯工作習慣者，會有自己的排序，以我們團隊而言，我們的排序是：

1.Events：事件的發生；

2.Looks：角色和背景的外貌；

3.Motion：事件的活動；

4.Sounds：加入聲音的元素；

5.Sensing：認知的基準；

6.Control：事件的控制；

7.Operators：細節的運算和操作；

8.Pen：用筆畫圖補充；

9.Data：外加的資料和清單；

10.More Blocks：更多的外來資源。

Scripts 1

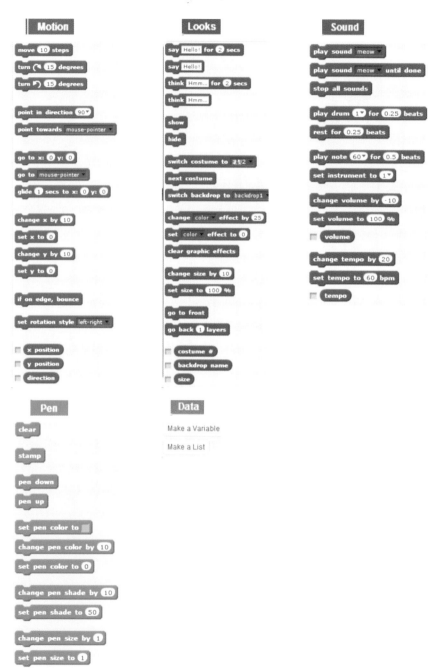

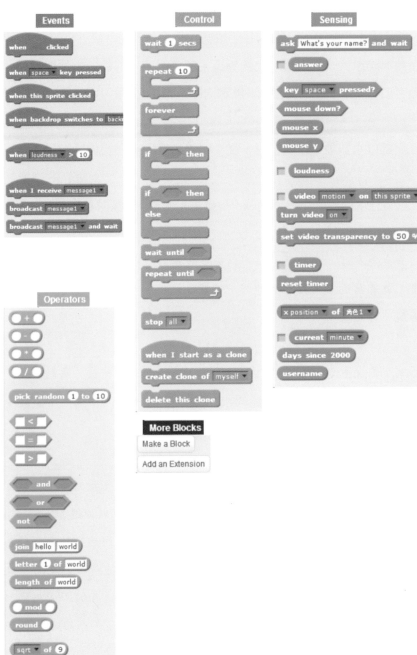

7-5 《莊子》養生主篇

　　後天八卦一路走來，從乾卦開始切入教育的核心，接下來的「坎」卦，則在教導防患於未然之道。化險為夷，趨吉避凶，考驗著人性與智慧，因為教育環境中，不能期待每天「風調雨順」，但求風雨中找到信心與生機。

　　坎卦以水為象，以險為意，從中可深入探究憂患自處及解危之法。

　　《莊子》內篇的第三篇稱為「養生主」，主旨在探討養生之主－精神。

　　吾生也有涯，而知也無涯。以有涯隨無涯，殆已！已而為知者，殆而已矣！為善無近名，為惡無近刑。緣督以為經，可以保身，可以全生，可以養親，可以盡年。

　　庖丁為文惠君解牛，手之所觸，肩之所倚，足之所履，膝之所踦，砉然響然，奏刀騞然，莫不中音，合於《桑林》之舞，乃中《經首》之會。

　　文惠君曰：「善哉！技蓋至此乎？」

　　庖丁釋刀對曰：「臣之所好者道也，進乎技矣。始臣之解牛之時，所見無非牛者。三年之後，未嘗見全牛也。方今之時，臣以神遇而不以目視，官知止而神欲行。依乎天理，批大卻，導大窾，因其固然。技經肯綮之未嘗，而況大軱乎？良庖歲更刀，割也；族庖月更刀，折也。今臣之刀十九年矣，所解數千牛矣，而刀刃若新發於硎。彼節者有間，而刀刃者無厚。以無厚入有間，恢恢乎其於游刃必有餘地矣，是以十九年而刀刃若新發於硎。雖然，每至於族，吾見其難為，怵然為戒，視為止，行為遲，動刀甚

微，然已解，如土委地，提刀而立，為之四顧，為之躊躇滿志，善刀而藏之。」

文惠君曰：「善哉！吾聞庖丁之言，得養生焉。」

《莊子》一書的第三篇稱為「養生主」，重在提示我們，如果我們每天的工作都是游刃有餘，沒有生活的壓力，就是最好的養生之道，學習有方法，工作有方法，但願我們從 Coding 教育開始培養下一代這種最有價值的能力，而有系統的知識教學是先決要件。

溫馨提示：

1.不管任何事物，絕不可以忽略生活中的四種活動：肢體、感官、腦力和情意。

2.養生主篇藉著庖丁解牛的解說，強調四種活動的適當拿捏。

3.以解牛為例，良庖歲更刀，只知用肢體活動。

4.族庖月更刀，能加上感官活動。

5.庖丁之所以十九年解數千牛，刀刃若新是因為能加上全腦的活動。

6.庖丁解牛之所以是養生的提示，在於情意活動。

7-6 養生主篇白話譯文

「勞乎坎」的勞字必須徹底理解，因為用力過度會疲勞。

「有事弟子服其勞」指幫忙老師做事。勞力指勞動體力，勞心指費心思去處理事物。古人常稱：君子勞心、小人勞力。」勞神本來指勞動鬼神，現在指勞人心神，也就是讓人費神，有對人致謝慰勉之意；勞逸是憂勞與逸樂，勞謙是勤勞謙恭。本文強調的「勞乎坎」，指的是勞苦，勤營辛苦；勞動，指操作事務，活動身體。

有些讀者對古文較為不熟悉，這裡先將「養生主篇」譯成白話：

我的生命是有限的，而知識的發展是沒有止境的。以有限的生命去追求沒有止境的知識，就會疲乏；既然這樣還要去汲汲追求知識，必定會弄得疲乏不堪！

行「善」事，不是為求名；做「惡」事，不要壞到遭到刑戮之害。順著自然的理路以為常法，就可以保全身體，可以保全天性，可以奉養父母，可以享盡壽命。

庖丁為文惠君解牛，手所觸及的，肩所倚靠的，腳所踩到的，膝所抵住的，劃然響聲，進刀割解發出嘩啦響聲，合於桑林樂章的舞步，也合於經首樂章的韻律。

文惠君說：「啊！好極了！技術怎麼能到達這般的地步？」
庖丁放下屠刀回答說：「我所愛好的是『道』，已經超過『技術』了。

我開始解牛的時候，所見到的不過就是牛而已。三年後，就未嘗看見整隻牛了。到了現在，我只用心神去領會不用眼睛去觀看，我已知道如何停止感官的作用而只運用心神，順著牛身上自然的紋理，劈開筋肉的間隙，到骨節的空隙，因為牛有自然結構，可順著去用刀。

既然經絡相連的地方都沒有一點妨礙，大骨頭的地方又有何妨！好的廚子一年換一把刀，他們是用刀去割筋肉；普通的廚子一個月換一把刀，他們是用刀去砍骨頭。現在我這把刀已經用了十九年了，所解的牛有幾千頭了，可是刀口還像是在磨刀石上新磨的一樣鋒利。因牛骨節是有間隙的，而刀刃並不太厚；以不厚的刀刃切入有間隙的骨節，當然是寬寬鬆鬆的，自然就有餘地了。所以我這把刀用了十九年還是像新磨的一樣。

雖然這樣，每遇到筋骨盤結的地方，我知道不容易下手，就小心謹慎，眼神專注，手腳放慢，刀子輕輕一動，牛就嘩啦解體，就像泥土潰散地一般，牛還不知道自己已經死了呢！這時我提刀站立，向四周一看，感到心滿意足，就把刀子揩拭乾淨，收藏起來。」

文惠君說：「好啊！我聽了庖丁這一席話，得著養生的道理了。」

《文心雕龍宗經第三》強調《詩》、《書》、《易》、《禮》、《春秋》是五經，五種經書，就像大樹一樣根柢盤曲深厚，枝葉高大繁茂，文辭簡練而意義豐富，所舉的事例淺近而意義深遠。此外《老子》、《莊子》、《四書》也是過去流傳下來的重要經書，雖然歷時久遠，遺留下來的豐富意味卻是萬古常新，今日我們提升古文能力，從經典中吸取滋養，不正是Coding 教育的另一副學習或者輔學習嗎？我們如果暫時沒有時間欣賞，

至少不必排斥。

《宗經》一文，所產生的六個優點：

1. 情深不詭
2. 風清不雜
3. 事信不誕
4. 義貞不回
5. 體約不蕪
6. 文麗不淫

為我們「創易文化」及「科丁教育」樹立了一個中華文化的標竿。

溫馨提示：

勞乎坎不能只知顯耀自己豐富的經驗，Coding 的學習，可因「深度的學習」而理解人工智慧 (AI) 的意義和價值，在《創易客寶典─科丁四部曲》中以實際案例解說。

我們強調深度學習，才能有學習的轉移，Coding 的教學才能和 AI 有關聯。

7-7 科技與文化

在博大精深的文化薰陶下，不少華人都能在適當時機引用幾句詞簡意賅的語絲，這些發人深省的哲學性語句，常能令人振聾發聵，一新耳目。

我曾接觸過對於《易經》總是眉開眼笑，樂而忘憂的朋友；也碰過一談到《易經》就深惡痛絕，一副像是仇人見面，分外眼紅的模樣。

每個人每天有好心情，「境由心生」人生有好日子過。

坎卦與教育，有更深一層的相聯。

本書強調教師的「輔導」角色，因為學校本位教學，固然要將基礎知識傳達，但這些知識如何運用於生活中用以克服困難，這是較少著墨的。傳統「讀經」的問題，在於「會說，但不會用」。

人生的困難既然不會自動消除，老師們也不可能事事都替學生解決，當然要教導學生克服困難的方法。所以，需要透過輔導，讓學生自己「學習」解決問題，且不斷「重複」練習，慢慢不需要老師的輔導，也能自己解決，「習坎」是再三練習，克服困難，難道只適用於古人嗎？

我們現代的科技，引自西方。西方對於科技界定為有效的行動（efficient action）。不可諱言的，目前我國科技界的點點滴滴幾乎完全籠罩在西方的文化下。舉幾個小例子來看：在電腦的設計過程上強調「module」，介紹電腦原理時常用「Code」，在個人電腦的開機

上談「bootstrap」，探討電腦檢修時以「physical damage」或「logical damage」為分界。類似這些「模組化」、「碼」、「長統靴帶子」、「實質性損壞」或「邏輯性損壞」等這類的語詞，一般華人是不太習慣的。

實際上，中華文化也有不少一般人可以朗朗上口的「詞句」，在學習科技的過程中，可適時、適地的引用來為高深的科技作透徹的剖析。

這個我們必須再強調：

八卦是 Coding 的起源，八卦的 Coding 概念是：

坤 ☷	艮 ☶	坎 ☵	巽 ☴
000	001	010	011
100	101	110	111
震 ☳	離 ☲	兌 ☱	乾 ☰

溫馨提示：
碼是什麼？
數碼、Token、鍵、鍵盤。
運籌帷幄，範疇是什麼？範圍是什麼？
石頭大小和進位的概念有關。
籌碼大小和進位的概念有關。
位置也和進位的概念有關。數位概念就是這樣得來的。

硬體與軟體本來是 Coding 過程中的用語。

硬體（Hardware）：主機與外部設備。

軟體（Software）：電腦運行、維修、開發所編寫的各種程序和文件。硬體和軟體的配合，是 Coding 過程和其運行的成果。其實人腦的運作早就是這樣。

韌體（Firmware）：看得見，摸得著，具有感性物質實體的的事物稱硬體；利用硬體的思想、方法、程序系統稱為韌體。

有硬科學、軟科學，硬技術、軟技術，硬專家、軟專家。

算盤是硬體，口訣是軟體；樂器是硬體，樂譜是軟體；機器設備是硬體，生產操作規程是軟體。能直接產生感性物質成果的生產活動、政治活動、科研活動是硬體；對硬體活動進行協調組織的管理活動是軟體。

物質、能量等因素是硬體；人的精神因素是軟體。組成組織的個人是硬體；人的行為價值概念，理想信念等是軟體。

正式組織是硬體；非正式組織是軟體。

運用硬體技術進行的決策稱為硬決策，也稱為數學決策；運用軟體技術進行的決策稱為軟決策，也稱為專家決策。

把管理看成是一種科學，強調運用數學和邏輯方法及各種嚴格制度和標準化流程，進行管理是硬管理；把管理看成是一種藝術，強調對人的思想、感情及各種非理性因素進行激勵，運用非邏輯的創造性方法進行管理的是軟管理。

或許，我把絕對性的軟、硬概念，提升為相對性的概念，會造成部分的不調適。但創易思考只要是善意的深層概念互動，應該是可以包容的！

Coding 是我們生活進步的保證，尤其是 21 世紀的今天！

今天，我再提示另一個人性化的名詞：

1. 硬體（Hardware）：☶
2. 軟體（Software）：☵
3. 韌體（Firmware）：☳
4. 人性化（Humanware）：☷

參與「科丁教練的培訓工作」，身為教練中的教練，不在外表的形式，重在授課的內容要如何提升下一代的品質：

1. 不是為科丁而科丁。
2. 不能只是為了滿足學生的好奇心而已。
3. 要使學生在學科丁的過程中，真正有教育的價值。不能讓電影院像教室一樣無趣，但也不能讓教室像電影院那樣缺乏一些教育的價值。
4. 要能引發學生樂意繼續學習，不能只為學生，科丁的工作，老師和社會也有其欲達成的目標，只是隱晦而不顯而已。
5. 最重要的是要引發學生的不同潛能。有的在技能，有的在知能，有的激發出優質的潛能，而不是放牛吃草的工作。

科丁的教練或者老師，必須具備一些基本的能力和心態：

1. 具備指導科丁的專業能力。

2. 了解教育是一門專門學問，需具課程，教材，教法，教具的靈活運用能力。

3. 一顆「學不厭，教不倦」的心。

凡事不能空口說白話，科丁教練、教練的教練們，大家要一起努力！

7-8 知慧：知識和智慧

　　莊子的寓言，是我在一甲子前讀臺中師範學校時「不小心」看到的，當時只覺得是很有啟發性的養生寓言，但卻說不出所以然。這些年來接觸到不少電子與電腦的科技後，重新拈來，反而更有耳目一新之慨，尤其身為「科丁教練」的老師後，更必須野人獻曝的提供讀者參考。

　　記得當年我讀到庖丁解牛的動作時，對於他的手、腳、肩、膝的動作，和刀子進入筋節縫隙之聲音的描述，頗為嚮然。所謂合於桑林樂章的舞步，合於經道樂章的韻律，使我和文惠君起了共鳴，也要讚嘆一聲：「技術怎能到達這般地步？」當時心想：任何的「技術」要練到類似庖丁這種層次是必須有節奏的響聲。師大畢業留在工教系服務後，對於「技術」的嚮往日益殷切。收音機、電視機、微處理機等等「技術」我皆曾下過苦工。不過「技術」範疇的「爆發」，卻讓我開始體會到「養生主」開宗明義的那段話：「吾生也有涯，而知也無涯。」「技術」中除有動作外，更有高深的「知識」，本來為了追求「技術」的理想境界，我們就該苦練「功夫」，現在更知「功夫」中，蘊藏著無涯的「知識」和「智慧」，讓我知道必須更用功，更必須和讀者交流。

　　在同時追求「技術」與「知識」的過程中，我開始瞭解到「吾生也有涯，而知也無涯。」這句話的底下還有更重要的話被我忽略了。

　　為了「教育、文化、科技、企業」的融合，我們以《易經》當平臺，強調「變通」「通變」和「會通」。

　　文章的體裁，具有恆久性，但變通的方法卻是無窮的。何以知道它是這樣的？文章的文辭、氣勢和力量，各代都有變通，所以能永久流傳，說明變化是無窮的。

　　名稱和體制、寫作文理，都具有恆久性，所以，在體裁方面，必須借鑒過去的成果；變通方法是變化無窮的，所以，應該研究新興的作品。這樣，才能夠奔馳在無盡的創作道路上，也才能汲取永不枯竭的創作源頭。

　　但是，好比汲水的繩子太短，會因打不到水而口渴；又如腳力不夠的人，就會在半路上停下來，此並非文章體裁有盡頭，只是變通的方法不精通而已。所以談論到方法，就好比草木，根和幹都附著於土地，這是它們共同的本性，但同類的花葉氣味，卻因吸取陽光的差異，而會有所不同。

　　青色是從藍草裡取得的，赤色是從蒨草裡取得的，這兩種顏色雖然都超過了原來的兩種草色，但卻不能再變化了。

　　所以，提煉青色和赤色，一定要用藍草和蒨草，要矯正怪誕和改變膚淺的文風，仍得尊崇經書。這樣在質樸和文華之間取得這兩者的統一，這樣就可以講會通和變革了。

　　跨越不同的知識領域，需要一個能變通且有用的平臺；我個人很幸運，早年是因為勇氣十足、敢於跨越；晚年讀博士，專攻知識論，加上邏輯學和方法論，使我較為得心應手。

　　善於變革，才會持久；善於會通，才不會貧乏。適應時代要求，必須果敢；趁著時機，不要膽怯。

不要以為這段話和 Scratch 毫不相關，你如果樂意想一想，Scratch 中的一些指令積木，或許更能理解本書為何而寫？

7-9 我所好者道也！

中國的科技引自西方。在西方的科技中也常引用一些中國科技界認為是「常識性」的語句，到底中西雙方在科技這種看法上的差異在哪裡？我曾對此深思過，可惜沒有作過「量化的研究」。倒是在深思中，我發現，我還是忽略了庖丁對文惠君解釋時的關鍵：我所愛好的是道，已經超過「技術」了！

其實我們該努力去體會庖丁這句話的深意。

庖丁說：「我最初解牛的時候，眼中看見的是一條牛。三年後，牛解多了，眼中看見的不再是一條牛，而是牛身上的筋骨脈絡的結構。從此之後，我解牛便用心神意會，而不用眼睛看了。」文惠君入迷了。庖丁又說道：「普通的廚子一個月換一把刀，那是因為他又砍又割。好的廚子，一年才換一把刀，那是因為他只割而不砍。我的刀用了十九年，還像剛從磨刀石上新磨的一樣鋒利。那是因為我不割更不砍。我的刀鋒只在牛身上的筋骨縫隙游來游去，任意活動，所以我解剖牛的時候，牛完全沒有痛苦，它身上的骨肉掉下來，就像泥土從它身上掉下來一樣，最後牛便不知道牠已經死掉了。這時，我就把刀子拭乾淨，好好收藏起來。」

在這段話裡，莊子藉著庖丁的話，用牛身子的結構，比喻人世的錯綜複雜。不會操刀的人解牛，硬砍硬割，就好像不懂道理的人，在世上橫衝直闖一樣，徒然損耗形神。庖丁解牛，游刃有餘，便提示養生的自然妙理，必至目無全牛，然後天地萬物乃豁然開解，使我無入而不自得。談到這裡，我贊成文惠君所言：

「善哉！吾聞庖丁之言，得養生焉。」

從技術的角度來看，這些話雖然引自《文心雕龍》，卻把「概念」與「技術」剖析得淋漓透徹。我開始注意到，任何學問在學習過程中，應該皆有所謂的「概念」與「技術」兩方面，科技更不能例外。科技如果只注意到「技術」，就不能稱為「科技」，技術必須有「道」，也就是應該有「概念」才能稱為科技。庖丁解牛的「技術」是科技。他之「所好者道也，進乎技矣！」

因此，我更願意畫蛇添足的補充說：

「善哉！吾聞庖丁之言，得科技學習之深邃也。更必須和 Coding 的愛好者共勉。」

創易文化和 Coding 是一碼子事，《易經》的精髓總是面面俱到，陽中有陰，陰中有陽。

《易經》已經是世人皆知的聖典；Coding 是下一代教育的重心，以本書當為教學範本的老師或教練，上課到此，必然有些心得和成果。提醒各位，《易經》強調從乾坤開始，「既濟」之後接「未濟」凡事結束之後必是另一嶄新階段的開始。有始有終，更必須有終有始。課程結束，在反省和檢討之際，建議各位，不要忘記兩件事：

1. 人類的生活是類比化的，數字化（digitalized）是為了學習和工作的效果。
2. 在「創易文化」和「Coding」的一貫化學習過程中，對於「道」的喜愛，不得低於「技術」。

↺ 回顧重點
凡事朝「游刃有餘」的境界邁進

- 資訊和通訊技術帶來有關我們是誰？怎樣彼此互動？
- 這些是深層的哲學問題，在資訊和通訊技術的時代，更需要哲學的高度。
- 我們將透過哲學的高度，使人類和 digital 技術之間更容易分享資源，影響相互之間的關係。
- 自己個人或組織的經驗有其侷限性，哲學性社會化開放的資訊與通訊技術，讓我們更清晰的看到世界美好的一切。

本書一路走來，從 Scratch 到 mBlock 中的 mBot 到 Arduino，《創易客寶典─科丁四部曲》將有更深入且具有系統的案例描述。

本書強調的是凡事朝「游刃有餘」的境界邁進，建議你對 Scratch 的 Editor 有全盤的解，除了 Scripts、Costumes/Backdrop 及 Sounds 三個要項外，「Motion、Looks、Sound、Pen、Data、Events、Control、Sensing、Operators 及 More Blocks」等十個操作的分類、順序及應用要點更需熟能生巧，顏色的善用更是學習 Scratch 時，游刃有餘功夫的呈現。

《莊子》養生主篇的命名，提醒我們游刃有餘不只是為了技術的學習，更是主要的養生之道。本章順便讓你重視「會通」的功夫，學習 Coding 並非只是現代人的腦力激盪而已，古代經典將有很大的啟示作用。何不對於古文增加一點閱讀的功力？

「科技與文化」、「知識和智慧」讓我們真正體悟到「我所好者道也」的關鍵。

第七章結束了，即將進入第八章，不妨回憶一下你的心得，並整理出你對全書的學習成果。尤其是 Scratch 十項操作中的一百多個指令積木。

溫馨提示：

下列的文稿，不是冗餘，是重點的加強和熟練。

十個操作統整如下：

一、情意活動：

　　1.events

　　2.looks

　　3.sensing

二、肢體活動：4.motion

三、感官活動：5.sound

四、腦力活動：

　　6.control

　　7.operator

　　8.data

五、自我人生的衍生

　　9.pen

　　10.more blocks

◎ 前瞻未來
通變的指點教育價值

本書是《創易客寶典─科丁四部曲》的引言。我們的重點是「學不厭、教不倦」的「終身學習和終生成長」。

我們的著作不以讓讀者認識「Scratch」和「Arduino」等技術而自滿。如果不將《創易客寶典─科丁四部曲》入門、進階、登堂、入室四冊序列的資源提供出來，一定無法滿足更多朋友的願望。當本書寫作進入後期時，你必須發現自己需要更多的資源及提示，培養自己銳利的洞察力，才能滿足自己的求知欲望，提升自己的學習力及事業的成長。相信你也已經悟到，此絕非純粹的 Coding 技術可以為功。

我們必須將「生活」、「學習」的扣接列入重點，讓《易經》和生活、學習的重點接軌。動畫、遊戲，讓消費者在遊戲中不但懂《易經》，也懂得處理生活的方法，從生活、ICTs 專業到文化的 Code 融為一爐。

「不積跬步，無以致千里」，意思是千里宏願必須一步一步的走，最重要的是不能陷入險境中。

更深入的分析，「跬」字有足，有圭。足字表示必須有行動，圭是上尖下方的玉器，古代舉辦大典時，舉圭表示慎重。圭臬是標準，圭表是古人測日影的儀器。「積跬步」的三層意義：

1. 一步一步不心急。

2. 必須有系統的目標。

3. 必須有正確的方法。

親愛的朋友，你們勇於追求夢想，我們以你為榮！

💬 創易客觀點

在既有的文化和科技上，開創嶄新的學習方法！

林麗紅

也許因為曾是科技界的一份子吧！在與施教授的學習中，我深深領略到沒有文化的科技產品就如同它的 lifecycle 一樣都是有限的，施教授如何開示我們呢？他先從科技教育的學習方法開始，現在引述他的 PO 文：

《易經》的二進位智慧，已經受考驗幾千年，十七世紀萊布尼茲的二進位數學是今日電腦、資訊、通訊等科技能夠快速發展的主要因素。本文並非要誇耀古代賢哲如何偉大，只是在提醒大家，在推動 Coding 的教育過程中，談文化、論教育、學習「學習的方法」，不應該把科技教育視為「革命行為」，不需要動不動就搬出「教改」和「翻轉」的大帽子。

今天談 Coding 教育的推動，申論 Coding 教育的「學習方法」有必要順著歷史的軌跡前進，關心的不是其中的突變，重點是其中蛻變的關鍵。我們必須在既有的文化上，開創嶄新的「學習方法」。

陽爻和陰爻、0 和 1，代表的是一種生活方式、生活態度，也有《易經》文化的 Code 元素。在數位（字）時代的生活中，更是提醒我們，在廣大浩瀚的宇宙中，二進位數位化的生存方式，使每個人變得更容易和不斷創新的科技接觸。融入「創易文化」後，更容易簡化每一時刻的生活和工作方式，使我們在科技創新的生活中，隨時隨地都可以有一番新氣象。

Coding 教育的推動，就在證實這種生活方式的價值，Coding 教育過

程中的許多案例，證明 Coding 對於現代的科技生活有實質的助益，這就是我們推動 Coding 教育時，最需要學習的「學習方法」。

大家當然不會忽視，21 世紀由於電腦、資訊及通訊科技的發達，資料、資訊與知識數量的激增，人類更需要智慧的深入。

人類的思維能力由簡單邁向複雜，由低而少的層次邁向高而深的層次發展，要解決這個問題，反而要「學習」如何回歸到最原始、最簡單的問題上。

把這類原始的問題想透、想通，許多深層的思維問題反而迎刃而解。所以施老師在學習「學習的方法」的主軸中，不斷的申論兩組概念的十二字真言：

1.「變通、通變、會通」六個字。
2.「變易、簡易、不易」六個字。

關心科技的發展軌跡，不難發現到其教育發展的軌跡。早年電視機的發明和使用並未和孩子的科技教育產生多少關聯，因為動作單純。錄放影機的發明和使用可就不一樣，許多父母對於錄放影機的操作來自於孩子的教導。新科技帶來新的認知，形成新的生活方式。科技帶來的「代溝」已經不只是一個抽象的名詞和概念，是看得見的事實。

科技不斷的進步，現代的父母依舊忙著適應自己工作上的變化，從來沒有從根源去掌握這些變化和孩子學習的變化是那麼的相關。在此數位時代，電腦、資訊、通訊及生活、工作、娛樂、通訊、教育、學習等功能集於一身。不單單是老師和家長，那一個大人能置身事外？

　　早年的電腦，孩子喜愛的並非硬體，大人需要的也不是硬體，我們的教育硬是把所有的主軸放在硬體的學習。從錄放影機開始，孩子學習錄放影機的設定，不過是想舒舒服服的觀賞影片，並非其硬體設備。

　　1980 年代個人電腦盛行時，家長和孩子一起學習。不可諱言，和孩子相比較是遲鈍的，我們還能硬拗的用我們大人的學習方法去教孩子學習嗎？父母、老師是否該懂得敞開心胸，接納新事物，讓孩子探索新事物。

　　今天的 Coding 教育如出一轍，並非突變，而是另一項科技自然的蛻變，學習方法又有不一樣的小改變。我們必須在既有的社會、文化和科技中開創另一項嶄新的學習方法，是漸進、連續的，但絕非和過去毫不相干。

1. 對於今天的 Coding 教育，傾向形而上學思考的老師和家長，不需要擔心孩子會沈迷於虛擬事物的虛擬世界中。因為 Coding 的學習，他們將了解真實世界和虛擬世界的差異，知道其中的不同，孩子和早年純粹使用電腦軟體的年代不一樣，孩子以程式的 Coding 來設定電腦，而不是完全受電腦設定。

2. 傾向於實際思考的父母，也不必擔心孩子習慣於完全受電腦支配，只從電腦的安排中理解世界表面的意義。他們把電腦語言當做創作的工具，把日常生活看到、聽到、課堂上學到的東西當素材，創造出自己想像的事物。他們將是以創造方式來使用電腦的人，他們的智力活動是一方面摸索，一方面創造。

　　倒是，我想再請教家長、老師、掌管教育大政的官員們，你們自己的興趣廣泛嗎？你們自己用電腦時多元嗎？

正確的 Coding 學習方法，如果能帶入學習文化中，已經好的事物會更好，否則本來不好的事物會更加惡化。

Coding 教育中，生活功力的增進！

施教授又是如何闡述《易經》裡「變通」、「通變」、「會通」、「變易」、「簡易」、「不易」，這十二字箴言的應用及評估事務的對錯呢？他說：

事務有「是非」的觀念，但不需要做「對錯」的爭辯，尤其在不同的情境下。

「事務」的是非有善良風俗和道德的評斷標準，不得違背。但是對錯，必須依照人、事、地、物和時、位評估。

評估任何事務的對錯，高竿者具備三項重要的人格屬性：

1. 懂得「變通」。
2. 追求「通變」。
3. 有「會通」的習慣。

評估任何事務的對錯皆從目標開始。目標有短、中、長程的分野，時間不是絕對值，是相對性的。而在事務的進展中，又會因「人事地物時位」而變化。所以又有「變易、簡易和不易」的認知層次。

1. 「變易」：任何事物，隨時隨地在變動，稱之為「變易」。

2. 「簡易」：在變易中，尋找變化的軌跡。事務的進展有跡可尋，變得簡單，稱之為「簡易」。

3. 「不易」：凡事拉長時間軸，從長程的觀點而言，許多事物是「不變的」，稱之為「不易」。股市有短線、長線之分，有「變」和「不變」的論述。就人而言，長期的觀察和事證，「凡人皆會死」是「不易」的法則。

以前跟施教授學習《易經》，雖然對這十二個字已經背得滾瓜爛熟，最近，跟他學習「科丁」才真正體會得很清楚，也悟出不少想法。

「創易文化」加「科丁教育」融合在一起，我舉雙手歡呼！

溫馨提示：

太極生兩儀，硬體、軟體、韌體和 Humanware，再一次強調，可以用陽爻和陰爻及 0 和 1 表示如下：

硬體（▬▬ ▬▬），00，太陰，肢體活動，

軟體（▬▬ ▬），01，少陽，感官活動，

韌體（▬ ▬▬），10，少陰，腦力活動，

Humanware（▬ ▬），11，太陽，情意活動。

第八章：更上一層樓

任何事物的精緻，總是終而復始，不斷的反省、檢討和精進

。從過去，現在到未來，人類的資訊和通訊技術不斷的進步。

。隨著這些科技的進步，人類的思想也必須不斷的反省和檢討。

。人類思想的反省和檢討，可以依賴科技建構機制，安排有效
的 SOP 而更精進。

前面七章的學習和精進，我們不斷的回顧和前瞻，而能預測我們該如何進一步的向前學習和進步。

我們思考很多事情的發生方式，雖然很多和過去不相同，還是有很多仍然值得我們沿用的寶貴經驗，知識和智慧。我們堅持有始有終，更深信有終有始更能精進。

21 世紀的現代人，有的仍在幼稚的年齡；有的已是垂垂老矣！人生有許多相同的過程，以求學和就業的角度來說：

從幼兒園、小學、中學、大學至進入社會，其中有些差異，但學到的基本東西並無兩樣。

同一個人，每天有不同的活動；不相同的人，更有不一樣的活動；從學習《易經》的體會中，人的活動很單純，歸納起來只有四種，可稱為四象活動：

1. 情意活動（▆▆▆▆▆），不具體，但想法總在一念之間。
2. 肢體活動（▆▆ ▆），具體的行動，有一定的軌跡可依循。
3. 感官活動（▆▆▆▆▆），具體的活動中，有主觀的意識。
4. 腦力活動（▆▆ ▆），主觀的意識，總是有具體的呈現。

此四象活動和現代生活融成一體；和現代科技相互接軌。此外，人生還需要重視鳥瞰和蟲瞰的掌握。「Coding 教育」和「AI」的主軸脫離不了這四項活動。

飛鳥翱翔，從高處往下全盤注視叫鳥瞰；對小蟲而言，逐步蠕動細瞧叫蟲瞰。

　　萬物之靈的人類，該以那種態度來看待人生？擔大任時，應以鳥瞰當做全盤規畫的基石，用以勾勒未來的遠景！臨細節處，應採蟲瞰，逐步蠕動，發覺關鍵，用以補高瞻的不足。您是否覺得，人生就是一幅兼具鳥瞰與蟲瞰的圖畫，《教育的蛻變》與此概念息息相關。

　　人類的認識固然可以鑑往知來、由人察己、由遠而近；倒過來說，何嘗不可「察今知古」、「察己知人」、「以近知遠」？透過《易經》的新容貌，新環境，可以是：

　　人事天時相契合，古風今世每遷流。

　　易學新環境必須與日常學習的環境相吻合，古老的智慧，需要現代的玩法，從遊戲中學習將可事半功倍。

　　「古今中外」四個字不是口號，有深層的涵義。

8-1 艮與止：終而復始的機制和 SOP 再從這裡開始

帝出乎震、齊乎巽、相見乎離、致役乎坤、說言乎兌、戰乎乾、勞乎坎，到了後天八卦的最後一卦「成言乎艮」。

艮卦的陽爻在上，下有兩陰爻，陽爻停在最上面，不能再上升，故取義為止。艮字有限制、阻止之意，性子直不隨和也叫艮。

艮字加上其它偏旁，更易理解其深層涵義，例如很、狠、恨……。

說文：「艮，很也」。段注：「很者，不聽從也」。易傳：「艮，止也」，止，限也，艮，堅也。艮為山，為小石皆堅之義。物堅不可拔曰艮。艮，止也，靜也。艮卦施之於人，則是止物之情，防其動欲。Coding 的學習可以到艮卦暫時告一段落。

艮是機制的建立完成，將有另一個循環的開始。

艮（☶）有三爻，下兩爻是陰爻，連續重複成為太陰（☷），2、3 爻成為少陽（☳）。太陰（☷）是知識的結合；少陽（☳）是知識的內化。結合加上內化而有了整體的段落。

艮卦的下兩爻和坤卦一樣，都是太陰（☷）。符號的下二爻為陰爻，是顯性知識的結合；最上一爻為陽爻，內化成隱性知識的全盤綜合。

顯性知識，變化可見；而隱性知識，雖玄且虛卻還是有軌跡可循，也就是變化中有規則。

以艮字而言，在說文解字上解釋不易，這裡的不易指的是不變化，但透過艮字相關的字眼，卻可在變化中理解其意義，例如：良、狠、退、恨、艱等字。

良是好事，良久是久久不動，是很久；良友、良朋是好的朋友；良方是有效的藥方；良辰是好日子；良機是好機會；良策是有用的計策。

恨是不動心，指的非好事，是有仇事未能化解，耿耿於懷，會恨之入骨，會成為深仇大恨。這種損人不利己的事，不值得鼓勵。

狠是「艮」字加「犬」部，如：動物之殘忍不動心。很是程度的加深，如：好得很；痕是「疒」字加上「艮」，受傷留下的跡象，痕是事物經過時，留下的跡象；艮是該走動時，佇地不移。

根是東西的底部，是最基礎不游移的；根基是基礎；根深蒂固形容很穩固，都是以木當柱子。

跟是在後面不離不棄的追隨，Coding 的學習強調沾、連、黏和隨；跟蹤是跟在人家的後面瞭解其形蹤，在 Coding 的操作上可以追蹤。

地球是一個多樣、多變的世界，「四時行焉，百物生焉」物換星移，生來死去，輪迴從未間斷。Coding 的教育有人性，有天理。

人類所適應的環境愈孤立，其生活的領域愈狹小，是否寬闊就是好？狹小就是不理想？非也，人、事、地、物求其匹配，「時、位」也相關。

人類的祖先曾居在洞穴中，利用其知識，克服環境，創造了光鮮燦爛的文明。但是物極必反，人類改造環境、創造環境，卻付出可怕的代價，科技必須和文化綜合在一起。科技始終來自於天理和人性，運用時亦同。

科技提供人類舒適生活環境，卻成為束縛人類生活的桎梏，我們能自我解套嗎？

電視、冰箱、電腦、手機帶給您許多的方便，有讓您更快樂嗎？我們能正向運用嗎？

「創易文化」成為我們撰寫科丁（Coding）內容時，再三關注的主題。

創易，以《易經》當平臺，不違天理，順應善良的人性。文化讓我們有快樂的向心力。

溫馨提示：

《易經》後天八卦從震卦開始，到艮卦是最後一卦，是終而復始。換一句話說，是更上一層樓，是 order of magnitude，量變而成質變。

8-2 有系統的「玩中學」、「做中學」

「易」有「變易」、「簡易」和「不易」，現在有更多同音字的「易」，例如：益、異、毅、E⋯，不同的「創易」。我們強調的「創易」有更多有意義的人性和天理。

「易」不只是《易經》的「易」，更有容易、變易，還可和 e 時代的 e 字扣接在一起，和 21 世紀的「資訊與通訊科技」社會相吻合。

不要被有些人錯誤的成見所左右。《易經》並不難，現在因為 Coding 教育的推動，已經有新的容貌和新的學習環境，「工欲善其事，必先利其器。」大家在追逐 Coding 高科技教育的同時，何不增加一點小小的心力，提升學習的投資報酬率。

世界隨時隨地都在變，一成不變的教育模式落伍了，倒不如順應環境的腳步，換套學習的方式與工具。教育、文化、科技、企業大融合的跨領域學習，最是「易」難忘！我們現在更加入了科丁的影子。

新容貌的《易經》，唱作俱佳，配以《易經》智慧的讀易環境，讓讀《易經》，可以像吃飯洗澡那麼簡單。因為它的組成元素就是「用簡」和「用易」。「易簡，而天下之理，得矣！」也就是說，天下的事，都是從簡單和容易處著手。「經」字是不變的「常」，是提升生活的大道，你是否常常用「經常」這兩個聯用字？

日常生活中的許多事情可用陽爻和陰爻的兩儀來表示。

　　人的世界多彩多姿，縱觀其中，不過男與女，供與需，端看關係協不協調，我們可以自行約定。

　　科技藉由化繁而簡，相因相成，變化無盡；人文仍有待《易經》以其至簡、發揮生生不息的作用。我們主張「遊戲中學習，學習中遊戲」，也強調「做中學，學中做」，理解和實務必須永遠相連在一起。

　　《易經》的學問被引導到卜卦算命的技術，今日卻成為我們引導年輕朋友學習 Coding 時的形式知識（Formal Knowledge）。

　　在皮亞傑（Piaget）的發生認識論上，以另一種形式表現。其中最重要的二個關鍵字，就是：Assimilation 和 Accommodation。Assimilation 和 Accommodation 很少單獨發生，而是一種互補的歷程。彼此交互作用，生生不息的知識於焉產生。大家要知道，有「樂高教授」稱呼的 Papert 師承皮亞傑。對於今日的 Coding 有很偉大的貢獻，他的「Logo」語言，對於今日兒童程式語言的發展影響很大。

　　在人的心智基模中，納入新的知識或概念的認知歷程叫做同化（Assimilation），四象符號中的▅▅▅，在《易經》中叫太陽。也就是將新的知識納入已有的知識基模中的歷程。例如，父親帶著小孩在田間小徑散步，父親指著田野中的一隻母牛問道：「那是什麼？」兒童回答說：「那是一隻狗。」這是少陽▅▅ ▅▅的案例。

　　這一個小孩子，不曾有過對母牛的認識，在他既有的生活知識中，狗和母牛的形體最為接近，所以拿母牛硬套到狗的形體上。這是把新的知識

納入現有的知識基模中的認知過程，這種認知不會發生基模的發展或改變，但會影響基模的生長。是正確？是錯誤？需要自我修正，更需要點化和指導。少陽的學習過程必須有達人的指導。

這時候，爸爸的教師角色適時發生作用。爸爸詳細解說牛和狗相似之處。相似就是有相同的成分，也有不同的地方。就這樣，Accommodation（調整）的價值就發生了，調整使人的心智基模改變。

調整是人藉著新的知識或概念的接觸，促成既有的結構發生改變的歷程。因為結構的改變所以可容納新的事物，更大的結構改變，甚至於可以是容納新知識的新結構。

外來知識的刺激，一旦發生 Accommodation 的調整作用，就會再度試著去 Assimilation，並再度同化刺激，這時結構已發生變化，可以同化刺激了。Coding 教育和人工智慧的融合有具體的活動過程，只好留待《創易客寶典—科丁四部曲》的實際學習中去體驗、體會和體悟。

「創易文化」和「科丁教育」可以這樣相輔相成。

溫馨提示：
玩中學、做中學的教育蛻變，必須：
1. 正確的教學理念
2. 發展新觀念
3. 有效的運用時間
4. 快樂的遊戲和工作氣氛。

8-3 學不厭、教不倦！

當老師時間有夠長，在科技教育界的經歷有夠久，對於教育我們不只從旁觀察，而且是實際的接觸和參與。這一切足以完整的回顧臺灣五十年來，電子、電腦、資訊和通訊的發展過程。

所以我們寫本書。但是我們強調不只老師要學不厭、教不倦，學生在「相互講習」中，一體適用。

我個人佩服很多教育界和資訊界的達人，但是，除了溫世仁先生外，沒有一位是臺灣教育界、科技界、企業界或政治界的人物。溫先生不是教育界的人士，但比起臺灣許多教育界的達人，更是教育達人。

在世界 Coding 教育的推動上，最令我敬佩的是 MIT 學習研究室的主任 Seymour Papert，可惜，已在 2016 年往生。我和他神交，他引導我參與相關科技教育的工作。他的真知灼見，讓我繼續相關的教育工作。他認為，推動教育的改變有三股偉大的力量：

第一股力量：是強而有力的企業資源。所以我接受劉文堂會長正式的邀約，樂當科丁聯盟協會的顧問，接受林口資源中心陳執行長德成口頭邀約的總顧問，從旁協助。

第二股力量：是學習革命。有機會從 2017 年 2 月 15 日開始，幫助南山學園培訓師資，或許因此對臺灣學習觀點的改變，有真正的助益。2017 年暑假，景文中學跟進，蘭陽技術學院也開始當為正式的通識課程。

　　第三股力量最強大：是兒童的力量。我們從沒有像現在這麼需要以孩子為「師」。孩子將為臺灣，帶來新風貌、新文化。我親自參與「科丁教練和老師」的培訓，不只寫本書，更寫《創易客寶典—科丁四部曲》入門、進階、登堂、入室四本書，在臺北市新興國中也有新的作法。

　　真正的用意不只是為「科丁教練或老師」，更是為了眾多的家長和一些有學習潛能的優秀學生。2017 年 7 到 8 月，「中華民國電腦教育發展協會」有兩波的 Coding 師資研習，但是，最期盼的是自認為是達人的教育界主管和有實際影響力的社會賢達。

　　一路走下來，我已見到「學不厭，教不倦」的老師群快速的增加，有新想法和學習方法的年輕朋友不斷的擴增。

　　施純協教授當過樹德科技大學資訊學院的院長，資管、資工、電通三系所的教授，幾乎全部來自國內外優秀的電子資訊領域的博士，最讓人印象深刻的是有不少教授從小就喜歡科技，從事科技教學研究。和他共事的時間，學不厭、教不倦，不排斥我們強調的「創易文化」。他們和學生一起聽施教授演講「從《射鵰英雄傳》到電腦程式的設計」。很高興，有不少教授早就認同科技和文化的結合。

　　結束本書時，我們特別提出幾個重點，和「學不厭，教不倦」的未來「科丁教練或老師」及年輕的下一代共同勉勵：

1. 不以 Scratch 和 Arduino 技術的教學自滿，努力加入學習的理論。
2. 對於 Coding 的積木概念，樂意進一步進修，例如對於各種不插電

積木的概念樂意更為深入。

3. 樂意探究我們即將深入的《創易客寶典─科丁四部曲》的結構細節。

此外，有更大的意願繼續「教育蛻變」的努力。例如：

1. 科丁教練或老師，工作在科技與哲學思維的領域中，更有必要為 Coding 的教學工作深思。眼看著科技跳躍性的進步，除了覺得頗富挑戰與刺激外，千萬不要覺得無奈和痛苦。

2. 不管大家的感受如何，高科技仍然會持續的進步，Coding 的學習人口還是會持續快速的增加。對於這種心靈上的差異，我們必須多加思索，並有一份為現代年輕人釋放的使命感。

3. 高科技「常中有變，變中有常」但並非呆板生硬，更非零亂無章，我們的教學必須有哲學的架構，更必須加入精神的滋潤。

4. 本書融合「科丁教育」與「創易文化」的哲學理念，我們必須在「科丁」技術領域學習後，抽離其中優化的技術，使成為具有哲學理念的通用價值，不能讓 Coding 的教學是學一樣，會一樣，丟一樣，學習需要不斷的累積增進。

5. 請仔細思考後天八卦的螺旋式循環精進概念，不只本書的八章，《創易客寶典─科丁四部曲》四本書也是後天八卦的八章順序。「創易文化」的最大價值在其行之四海皆準的通用性概念。

溫馨提示：

學不厭，教不倦，必然是在愉快的氣氛中，不斷為工作的順利而努力！

8-4 不要讓 SOP 成為學習轉移的障礙！

我們常聽到大人面對新機器或新的電腦軟體抱怨：「好不容易才學會了舊的那一套，現在又得學習新的另一套。」但是，我們從來沒有聽過玩電腦的小孩說過同樣的話。

從教育的立場而言，我們很重視「學習轉移」的價值，如果我們在某一個情景下，學會了某樣東西時，換一個情景，我們還會用嗎？

為了這個問題，我們必須談一談我們對於 SOP 的看法。SOP 是標準作業程序（Standard of operation），如果我們把 SOP 當成一串沒有意義的程序；例如先按 A 鍵，再按 B 鍵，聽到嗶聲後，再按 C 鍵，當然，我們學到的技巧是不能轉換的。

如果你先了解概念，知道工作原理，你的舊經驗將能夠讓你在新的情境中，迅速的找出該修正的方法，你將有足夠的信心去嘗試與修正。

例如，如果以「DIVER」當為學習的平臺，就必須先有「DIVER」這個字的認知。

「仁者樂山，智者樂水。」在水中有能量，有不同的資源。《易經》乾卦的修練 SOP 共有六爻，六個階段，第一個階段叫潛龍勿用。有潛力的龍在水裡修練，必成大器。

DIVER 英文原意是潛水者，潛入水中修練必成大器。由 DIVER 延伸

出大商場的概念。

例如：「DIVER City Tokyo」是日本東京一個大型的購物中心，其設計理念「劇場型的都市空間」，有多種可以體驗的大型娛樂設施，館內有精選的商店，可為顧客提供購物、休閒遊玩及舒適的空間。

「創易文化」＋「Coding」的蛻變教育，提供的不是工具，是一個可以修練「功夫」的環境，這必須我們的老師有能力發揮這類環境的價值。跨領域的學習環境，不是一種單調的重複學習，其中包括很多學習轉化的樂趣。

如果將「DIVER」當為環境來看，這是一個能夠有學習轉移價值的跨領域學習方法。

結束本書前，我們再一次的建議：

1. 「學習文化」的認知非常重要。
2. 在變化快速的「資訊通訊科技」(ICTs)的社會中，「學習轉移」特別受到重視。
3. 隨時隨地提高自己已有知識和智慧的價值。

溫馨提示：

學習轉移 (Transfer of Learning)

Coding 的學習轉移有多方面的價值。不管是特定性的、非特定性的，或隱喻性的，只要老師是真正的達人，稍加提示，學生都將會有轉移能力的提升。

8-5 以 Diver 為師

　　本書引入 Diver 設備當以後更深入的 Coding 案例，在《創易客寶典—科丁入門篇》進一步解說，是為了以 Diver 為師。

　　為什麼企業界要推出 Diver 這一設備？
　　為什麼在我們的著作中要以 Diver 為師？

　　首先不要小看 Diver 這一領域。
　　一般的潛水伕（Diver）潛水時，都需要水肺潛水器（Scuba diving）的設備。Scuba 是水下呼吸器，diving 是潛水，在 Coding 的學習過程中，我們不斷提醒 Code，並強調「ing」的工作進行式，diving 也相同。同樣的邏輯，Coding 也需要有好的設備，正是「工欲善其事，必先利其器」。

　　潛水伕帶著 scuba diving 進行潛水活動，利用設備中的裝置，把壓縮氣體轉化成可供人正常呼吸的壓力。實際上，「scuba」是五個英文字的縮寫：

Self-**C**ontained **U**nderwater **B**reathing **A**pparatus

潛水活動不是單純的一種生活活動，一般而言可分為：

1. 休閒潛水（leisure diving）

指觀賞娛樂性的潛水活動，都在觀光開放區舉行。深度不大於 40 公尺，規定需要攜伴結隊相互照應。

2. 技術潛水（Tethical diving）

指具有挑戰性的潛水活動，如深度的潛水、水底、洞穴、沉船等潛水活動。

3. 商業性潛水（commercial diving）

一般指有商業行為的工業性潛水，如水下下工程及船舶工業等。

在 Coding 的教學上，強調以 scuba diving 為師，意味著人類的腦力開始擴大人類的智慧，製造許多有智慧的機器，解脫人類腦力的束縛，大幅度的藉著智慧機器來改善人類的生活和學習方式。學習的轉移能力一直跟著我們的生活在不同的情境中增長。

以「DIVER」而言，它雖然是一個輪型機器人，如果充分運用其配備的光線感應器，可按照您繪製的路線行走。其頭部的攝影機具備 wifi 連網功能，可調整機器人的視線角度，讓我們可以通過連接 APP，隨時隨地視訊瞬間拉近和 DIVER 的距離！為了充分發揮學習轉移的價值，我們必須盡快的讓《創易客寶典—科丁四部曲》早日付梓。

使用 APP 編輯 LED 眼睛，可透過不同的表情，傳遞您現在的心情。內建的紅外線傳感器，能避開障礙物繼續前進，或是透過行動裝置設備控制行進方向。Coding 最重要的價值是學習的轉移能力。

如果我們能夠充分發揮潛水員（DIVER）內建的五種功能模式：

1. 遊戲模式。

2. 自動駕駛模式，能主動偵測並避開障礙物。

3. 潛水和搜索模式，可控制與音效搭配的各式動作。

4. 音樂家模式，當循線模式左轉時，音調會隨之增加，右轉時，音調會隨著降低。

5. 巡邏模式，可連結 wifi，讓我們用其角度進行拍照。

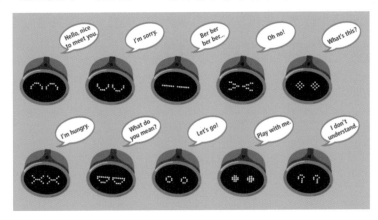

隨著老師的指導，學生利用這一環境，在「玩中學、學中玩、做中學、學中做」，可以結合 Scratch，在玩樂中學習科丁（Coding）。

對於有學習轉移的跨領域教學能力的老師而言，DIVER 不是一個機器人，是一個環境。在這個環境中，可以通過互動遊戲及視訊等形式，幫助孩子們了解自己和周圍的世界，提升認知學習的高潛力。在與機器人的互動中，創造自己的個性。我們已努力讓《創易客寶典─科丁四部曲》盡快脫稿付印。

本章強調周而復始的機制和 SOP，重視有系統的做中學，所有的學習者有機會當為「老師」，以 DIVER 為師增進學習轉移能力。但是，我們並不贊成翻轉的世界，主張學習串流中自然的蛻變。我愛我師，但是教育的過程並無自以為是，永不改變的「真理」。

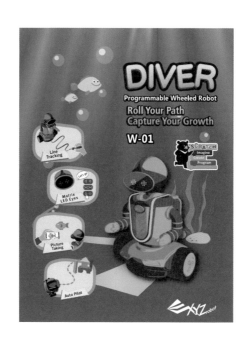

8-6 我愛我師，更愛真理

　　希臘三哲是古希臘哲學極盛時代的師徒三代。蘇格拉底「知行合一」的哲學原理，以身作則為真理作證、為信念捐軀。柏拉圖統一了理想與現實，融洽了此世與彼岸，在靈魂與肉體的二元主張中，設法找出統一的原理，造成統一融合的宇宙。亞里斯多德站在理知和良知的兩種立場，一方面追尋邏輯的世界，另一方面探討道德的世界，提出倫理的各種規範，利用對物質世界的觀察，超度自身的靈性，寄託在彼岸的真實中。

　　蘇格拉底，述而不作，其思想與行傳都由弟子柏拉圖及相關弟子記載而留傳後世。柏拉圖的「理想國」是具體的教育設計。柏拉圖想把世界觀念化，亞里斯多德想辦法要將觀念拉到現實來。師生兩人難免意見相左。

　　亞里斯多德 17 歲時到雅典進入柏拉圖學園待了二十年。柏拉圖死後，亞里斯多德總結蘇格拉底、柏拉圖等前人的哲學思想，創立了與老師截然不同的哲學體系。亞里斯多德的名言：「我愛我師，更愛真理。」流傳於世。

　　我們要強調的是：教育和文化不是翻轉，而是正向的蛻變。我們雖然以亞里斯多德的「邏輯」當為本書寫作的指引，但我們納入蘇格拉底和柏拉圖的串流價值。聰明人總是與另外的聰明人意見相符合，但是傻瓜常常不贊同聰明人也不贊成笨蛋，人們為善的道路只有一條，作惡的道路卻是很多。語言的準確性是優良風格的基礎。人生最終的價值在覺醒和思考的能力，Coding 教育給我們這方面的想像空間。

　　人類是天生的社會性動物，所以今天，我們明知教育的根是苦的，但我們因為懂得以「創易客」當為作者，早就在「會通」中，有了完整的「通變」，所以「創易客」確信教育的果實是甜的。

↺ 回顧重點

教育不是翻轉，而是自然的蛻變

- ・ 從過去、現在到未來，人類的資訊和通訊技術不斷的進步。
- ・ 隨著這些科技的進步，人類的思想也必須不斷的反省和檢討。
- ・ 人類思想的反省和檢討，可以依賴科技建構機制，安排有效的 SOP 而更精進。

再一次強調：本書為什麼叫做「教育的蛻變」。

結束本書前，我們要用很少的篇幅，再一次強調教育不是翻轉，是很自然的一種學習的蛻變。

我們強調：

1.創易文化已經存在幾千年：

Digital 時代不是「革命」，是生活中的蛻變。0 和 1 的二進位 DNA 早就存在，以前是陽爻和陰爻的質性原子概念，現在是很容易操作的量化 0 和 1。

2.資訊技術的核心電腦早已在生活中運用：

一百多年來，電腦技術受制於鍵盤和螢幕，現在已經被解放出來。電腦不再是工具，是環境，信息不再是被 push，我們也可以自由的去 pull。學習方式不是翻轉，而是像一隻由蛹中蛻變出來的蝴蝶可以自由飛翔。

3.「創易客」是一群懂得「變通」者：

在工作中，納入志同道合者概念的整合，同時引入傳世的經典一起「會通」。所以本書呈現的是許多「通變」的理論和實務的結合。

◉ 前瞻未來
終而復始

這不是為本書寫結語，是為《創易客寶典—科丁四部曲》開啟大門。

我們決定寫這一短文，是因為後天八卦的最後一卦是艮卦（☶）是終而復始；六十四卦中的第六十三卦是既濟（䷾）；第六十四卦是未濟（䷿），也是終而復始。

寫到這裡，聯想到中西文化固然有別，但在許多人性的看法上是一致的，腦中浮現出畢業典禮的用字：科技來自人性，Coding 教育運用科技，想法和方向根據人性和天理。

■ Commencement

這個字雖然指的是畢業典禮，但也有開始的意思。畢業不是一個人生階段的結束，而是下一個階段的開始。不是離別，是再見的準備。以本書而言，在網路世界中，後會有期，我們和讀者之間更將有新的關係。

本書強調 Coding 的學習由近而遠，從「家人」卦的「言有物，行有恆」的相互學習開始，必須成為有價值的「學習文化」。

由本書延伸到 Coding 能力的增強，21 世紀進入 digital 活化的時代。有些人生活在可能有被機器人取代的恐懼中，我們希望透過《易經》陰陽和諧的思維提昇 Coding 能力幫忙解套。

現代的孩子比起邁入青年、中年、老年的大人更懂電腦，對於 Coding 的學習更能理解，對於機器人的模擬得心應手，這時代的孩子對於電腦，將不再只是被動的使用大人設計出來的軟體。因為 Coding 的學習和操作

使孩子懂得主動的運用電腦。

以往被電腦 push 的動作，現在變成從電腦的資源中，去 pull 寶貴的資源。電腦有寶貴的資源可取來自由運用。

一般是：

1. 由資料的理解成資訊。

2. 將資訊整合組織成知識。

3. 將知識靈活的運用到不同領域而成為智慧。

Coding 的價值就在上面一連串描述的實踐。《創易客寶典—科丁四部曲》分為四冊：

1. 入門篇：以 Scratch 和機器人 DIVER 的申論為主。

2. 進階篇：以 S4A（mBlock）和 Arduino 的綜合運用為主。

3. 登堂篇：創易客實作功力的提升。

4. 入室篇：「創易文化」＋「Coding」的深入。

四冊書的結構，全部沿用後天八卦的循環增進，章名都由後天八卦的名稱開始，例如，入門篇的八章是：

第一章：「帝出乎震」，從事件（Events）開始。

第二章：「齊乎巽」，從外觀（Looks）、音效（Sounds）深入。

第三章：「相見乎離」，用偵測（Sensing）感知。

第四章：「致役乎坤」，動作（Motion）的運用。

第五章：「說言乎兌」，Control 的重要。

第六章：「戰乎乾」，資料（Data）和運算（Operation）。

第七章：「勞乎坎」，發揮 Pen 的獨立作用。

第八章：「成言乎艮」，更多積木——DIVER。

後天八卦循環精進的八章結構，在《進階》、《登堂》、《入室》三冊書中仍然可以套用，只是重點不一樣而已。Coding 的價值在於積木模式的套用。

今天的 commencement 是明天進一步深入的開始，螺旋式的循環成長，是創易客和讀者之間能不斷聯繫的根源。

後會有期！再見！

溫馨提示：

智慧當中有一部分是能確認好事，也有能力確認壞事，並斷然的拋棄之。另有一部分是能鼓起意志力，不顧障礙的把好事做成功。

創易客觀點

是非與對錯

陳茂璋

施老師寫本書，非常在意的是，絕不違反善良風俗或道德的「是非問題」，但是不在意任何人有關「對錯」的批判和爭辯，因為出發點是提供家長、老師和教育達人的參考。

1. 本書是一本幫助「科丁教練或老師」減輕教學負擔而寫的「參考書」，並非為「兒童科丁或某一專題之教學」而寫的「教科書」，從這一個觀點檢核本書的目標和內容，才不會產生誤判的爭議和紛擾。尤其那些「主觀性」強烈的讀者。

2. 既然是為了幫助「科丁教練和老師」的教學，除了「Coding」的專業智能外，有關如何教？怎樣學？就是重點。也就是必須有 Coding 教育理論和實務的論述。

3. 既然是「科丁教練和老師」的參考書，當然必須有足夠份量的專業內容，增長如何學習的「學習方法」。本書不單要增長老師的生活功力，更希望在培訓中，老師體悟出如何引導學生「學習學習的方法」。

本書是一本有完整系統論述的參考書，不限於歐美先進國家強調的科學（science），技術（technology）、工程（engineering）、數學（mathematics）的「STEM」訴求。更加入了文化的教學內容，兼及歷史、地理和公民等社會科目的 coding 教育，人文、科技、教育、經濟、社會……等等不相同的領域。

從數碼（Code）的論述和過程而言卻是一碼子事。就是由 Coding 衍生出來，相反作用的 encoding 和 decoding 的一碼子事。

日前，陳正中老師到施老師家，和我、麗君老師一起深度的研討，在 Coding 教練的培訓中，我們不空口說白話。以「謙卦」的智慧而言，叫做「強將手下無弱兵」。

既然在臺灣推動 Coding 教育，除了吸取歐美先進國家既有的科技智能和經驗外，也必須有自己的文化和作法。

既然不空口說白話，就必須以「Coding 教育中，如何增加生活功力」的實例和作法，提供更多的朋友參考。

實例的印證

現在以我們在「科丁教練培訓班」過程中的實例論述：

一、從 Scratch 的第一層操作開始論述

任何人任何時刻的活動，都是綜合性的：

（1）肢體活動。

（2）感官活動。

（3）腦力活動。

（4）情意活動。

孩子 Coding 的學習可以從這四種活動的綜合著手。當然，科丁老師

或教練也不例外，只是必須更深入，生活的功力才會增強，也才有淺出引
導學生的可能。

例如，Scratch 的第一層操作有幾個並列的關鍵字：

Scripts、Costumes/Backdrops、Sounds

在 Looks 的操作中：

背景換成 背景1

造型換成 造型2

老師和教練不能不多一份功力，不能和學生學習的範圍一樣窄，不可
以和學生的程度一樣低的水準，不能只會操作，至少要知道：

Scripts：是劇本，腳本，講稿。

1. Costumes：是服裝，服裝式樣。

2. Backdrops：和 Backcloths 意思一樣，是背景布幕。

3. Sounds：是聲音，另有印象、感覺等意思。還有完好的、合理的、
   徹底的、細心的、嚴謹的等等不一樣的意義。

4. 「/」在邏輯上是 or，不是 and，有時當 Costumes，有時當
   Backdrops 的功能。

二、從 HOC 到創易文化

Code.org 不空口說白話，推出 HOC 課程，讓很多人去體驗，世界各國都蒙受其惠。

HOC 是「Hour of Code」的縮寫，強調一小時的程式設計課程，是全球性的活動，臺灣跟進是識時務，只是，我們有能力安排自己的課程嗎？我們是否有「創意」？是否有自己的文化融入其中？

很高興，2016 年（丙申年）12 月 17 日在臺灣，「科丁聯盟協會」正式成立，以培訓「科丁教練和教師」為第一要務。「親子同樂學科丁」當為最重要的活動，強調 Coding，不用「程式設計」當號召，重在發揮一般人對於 Code 的認知。對於未來臺灣的下一代，不是只有玩電腦，更不是被電腦玩。希望可以將自己的生活和學習以不同的 Code，運用 Coding 的能力，體驗什麼是 encoding？什麼是 decoding？《易經》文化中的兩儀、四象、八卦、六十四卦是生活中最好的詮釋例子。不能因為以往教育的缺失，讓五經之首的《易經》遠離我們，要讓我們的下一代跟著我們這一代犧牲。身為科丁聯盟顧問的施老師，樂意盡己所能，貢獻所學。

我們加入「創易文化」增加一點點心力，可以加速 Coding 的學習效率和深度，是否值得？請「科丁教練和老師」一起體驗，體會和體悟。

創易文化從生活中開始，「創易」提升「創意」的多元和深度，「創易客」在「創易」中，有了「開物成務」的價值。

談「科丁教育」架在歐美先進國家既有的基礎上，我們也要有自己的

想法和作法。在「科丁的語言」中，有我們自己的文化語言幫忙接收訊息，而能跨領域的和我們的生活融合在一起。因為 Coding 教育，我們的生活功力自然而然的增加。

總而言之，我們的「科丁教育」是生活化的，是人文、科技、教育、企業的綜合體，不是只有「STEM」的 Coding 教學。

「創易客」是「創易」加上「創客」，「創易文化」和「科丁教育」是一碼子事。我們推動「創易客」，讓《易經》的智慧成為我們生活的一環，也在華人的世界中自由運用。

在 HOC 的初步體驗時，我們介紹 Code.org 是一個非營利性的電腦學習網站，對於初步學習的孩子而言已經足夠，對於一位上進心強烈的「科丁教練和老師」略嫌不足，也非一位「學不厭，教不倦」的老師所應有的學習習慣。

「學不厭，教不倦」這類老師的人格屬性，是只要抓住任何機會，就會從哲學的高度，思考學習的內容和學習的方法。以 Code.org 這個主題而言，他會注意到其中的兩個關鍵字：

1.Code

2.org

Code 我們在前文已論述過，由 Code 到 coding、encoding、decoding，每一個字皆有其深層涵義，不限於中、英文翻譯的粗淺意義，深具知識論的幾個層次：

1. 知識無所不在。

2. 知識總是以不同的形式存在。

3. 知識必須有能力將其轉換成自己熟習的形式，才容易靈活的運用。

4. 知識必須經常運用在日常生活中。

5. 知識必須生生不息。

最後一點是我們之所以必須終身學習的最主要理由，也是我們能夠終生成長的最關鍵要素。

一般人很容易理解 org 是 organization 的縮寫，是英文組織的簡寫。但是，如果從哲學的高度論述，它是 organic 的縮寫。organic 最重要的概念是「有機體」，代表在自然的情境下能夠不斷的生長。

Organic 相關的幾個重要字是 organon，是指研究法、推理方法；organum 指的是希臘哲學家亞里斯多德（Aristotle）的《工具論》。《工具論》是最早有系統的一本邏輯書，有學習「學習的方法」的價值。

工具是具體可用，看得到，摸得到。加上了一個「論」字就有想像的空間，是抽象的，雖然不容易認知，卻更有進步的空間。

因為具體和抽象交互作用，每個人的「學習方法」更容易隨著具體的認知和抽象的想像空間，不斷努力而快速的進步。

在邏輯的發展歷史上，有亞里斯多德的《工具論》，又有培根的《新工具論》（Novum Organum）。培根批判亞里斯多德《工具論》的演繹法，並建立他有系統的歸納法。今天我們透過 Coding 教育，運用邏輯方法增

強學習生活的功力，當然是涵蓋演繹和歸納在內的現代邏輯方法。

Code.org 強調每一位在其網站上都可以學習，我們臺灣的科丁教育做得到嗎？我們的學習是否偏於一隅？

我們的科丁教育有自己的文化根源，例如機器人的比賽，我們已開始納入「機器人走八卦」，比賽規則也已由謝澄漢教授花時間訂出來（附件）。

為了深入的學習，我們引入「DIVER」，當為學習的平臺。

本書的實例驗證
──南山中學學生「創易學習科學營」實踐感言

如果施教授沒有到印度旅遊，不會認識王繼光董事長；如果不認識王董事長，就不會知道原來周談輝教授早就擔任南山中學 32 年的董事。如果沒有印度之旅，就不會促成此次的南山中學師資培訓及國高中的創易科學營隊；如果沒有此次的營隊，就不會有接下來新北、桃園、大陸，一次又一次的接二連三機會的產生。

人生中充滿了太多的必然、也充滿了太多的偶然，更有著許多必然的必然、偶然的偶然。人生就像下一盤棋，有人茫茫然，有人心中老神在在一目了然。

感謝南山中學王董事長、周董事、蔡校長，相關主任和老師相信我們不是為教《易經》而教《易經》，是為了提升老師「創易的教學方法」，是為了指導學生，學習「學習的有效方法」。

此次是我們繼幼兒、國小、成人、企業界後，第一次嘗試將國三、高一的學生混合組成隊伍。一開始就依八卦規畫 72 個學生參加（8 個隊輔及 64 個學生代表八卦、64 卦），希望透過講課、桌遊活動與 Coding 案例製作的體驗，破除對《易經》幾個不該有的迷思：

1.《易經》專談卜卦算命看風水。
2.《易經》很難，不容易學習。
3. 21 世紀科技時代，學這門古老的學問有什麼用？

兩天的活動中，我們發現：

1. 現在的小孩在升學的壓力下，似乎已忘記怎麼玩遊戲了，連玩遊戲都要擔心功課跟不上——讓我們超心疼。
2. 現在的小孩都被社會環境限制了，跟升學有關的才是王道，不跟升學有關的，他們產生排斥——認為浪費時間。

兩天過去了，從一開始的陌生，到今天的熟悉，一張張超級聰明又優秀的臉孔一一刻劃在我們的腦海裡。從遊戲中，我們感受到他們的投入（原本排斥《易經》，覺得是卜卦算命），他們的求知慾（創易文化的教具，全是他們熟悉的玩具，但卻不知道《易經》可以玩中學），他們的全力以赴最令人感動（兩天從對八卦的陌生，到必須結合資訊科技，內容消化後做出專題，第一天還是一團混亂的資訊，經過一晚的整理，及第二天早上的調整，下午的表現各隊成績大翻盤，更是出乎意料）。

如果說幼兒好玩、國小單純、國中與高一就是可塑性最高，只是缺乏有效的學習方法，此刻的小孩處在國小的稚嫩及高中企盼獨立之間，他們面對資訊泛濫的現代，擁有超豐富的求知慾及無限創意，卻不得不向目前的升學壓力低頭，如果學習就像這二天一樣充滿樂趣與挑戰，學習怎麼會是痛苦的事呢？

這次營隊中最令人頭疼的是高中生，在高度的升學壓力下，他們選擇了快樂、逃避痛苦，所以他們常常有特立獨行的表現，他們處在渴望被肯定，但又不願意向社會壓力屈服的兩難中，也許他們另類，但每個人的本初心都是善良的，他們知道對與錯、好與壞，只是他們不願意輕易的讓大人一眼就看清他們渴望自由的心。

有競賽就有輸贏，在這個競爭的時代，大家都不想當輸家。但從短短的兩天中，也看到許多的事物：有人全力付出、有人默不在乎、有人努力爭取得分、有人冷眼旁觀。有人禮貌、有人失禮……，太多太多的小太極了（每個人都是一個太極、一個小宇宙）。

在這個不是贏就是輸的時代，他們也慢慢的被要求同化。凡事沒有對錯，《易經》教我們不是絕對，而是相對。不是只有 0 和 1，在 0 和 1 之間，還有 0.5、0.125、0.0125……等更多的選擇。比賽的贏與輸、成績的高與低，都不是人生成功的保證，唯有依靠智慧，在正確的時間，做出最正確的選擇。而《易經》就提供給我們「變易、簡易、不易、變通、通變、會通」的寶貴智慧，只要了解應用，保證擁有「穩贏不輸的人生棋局」。古人留下這麼珍貴的寶藏，只用在卜卦，豈不是太可惜了？

兩天的創易科學營圓滿完成，就如同施教授在課堂上一再叮嚀我們的「少年讀書，如隙中窺月；中年讀書，如庭中望月；老年讀書，如臺上玩月」，不要求 72 位學生都能了解《易經》的奧妙，但創易文化的種子，已經在南山生根發芽了。十年前在馬來西亞的一場五天的國中創易科學營，64 位同學已全數上大學，其中一位印度籍女生，成績更拿到大馬第一、大陸第二名，另一位是主辦單位芙蓉中學蔡校長的二公子，也進入了麻省理工學院。

二天當中，認識許多優秀的學生，我們深深的相信——因、緣、份、果，每個人、事、地、物，不會無緣無故來到我們身邊，這只是一顆顆小小的種子，他們將帶著這 2 天的回憶，成為生命中的一部分，更期待在不久的將來，他們會體驗、體會、體悟。有一天，他們無意間發現，原來

創易文化，已經改善了他們的心智模式，不單單是《易經》與生俱來的高能量，還有施教授帶領的創易團隊，每位老師及隊輔對所有學員們滿滿的愛！謝謝南山中學王董事長的促成，周董事、蔡校長、林主任、塗老師……等人願意一起相信「教育不是因為翻轉而改變，是依賴文化自然的蛻變而精進」，感恩一路上支持、鼓勵、幫助的貴人們！

溫馨的提示和總結：
良性的翻轉即使可以視為重大的創新，能夠一時的改變不良的教育型態，但大多數學生的改變都是得自點點滴滴的改進，而真正教育的進步，大都是來自第一線老師的教導，以及大多數學生學習方法根深柢固的改善。

既濟兼未濟：終生創易學習，終生創新創業

現在許多人將臺灣人分為1、2、3，和4、5、6及7、8、9三個世代。今天「自由廣場」有「當456遇上789」的論述，值得我們深思。

我屬1、2、3世代的中期，有機會和4、5、6世代密切的互動，也因此和7、8、9世代不斷線。臺灣世代的「一條龍」接在一起了。

接到5年級生，廣州臺灣青年之家鄭明嘉會長為本書帶來的文稿，使我興起續寫這篇「既濟兼未濟」的動機，加上「終生創易學習，終生創新創業」的副標題，讓科技領域的教學和創業連成一條龍，當為本書結尾。

2016年認識施教授，不斷請教他傳授經驗，如何在兩岸青年創業與就業的區塊，幫助更多的臺灣青年學子，每當施老師利用《易經》之道傳授我理念與真理，我每每都受益良多。

自從我2016年將創易文化和Coding教學引進廣州市，利用座談會形式，給予我們兩岸青年與企業家更多的傳授，並為廣州市的青年們開啟一個新的思維，利用更開闊的策略來結合創易文化的商道，讓企業透過「創易文化」有更寬廣的思維。

然而在青少年部分，更積極將獨特的「創易文化＋科丁」傳授給他們，讓他們更驚奇的接受新的方式與思維，結合中華文化傳統理念與新的時代產物。

欣聞施教授完成本書初稿，實在佩服他對教育的熱誠毅力與精神，許多比我優秀的人都在努力，我有什麼理由不努力，也希望在施教授的帶領之下，將《創易客寶典—科丁四部曲》嘉惠給予更多的兩岸青年，落實在

大廣州市地區，讓古老「通變」、「變通」、「會通」的智慧，透過創易課程，促使現代的企業與青年有簡單易懂的思維理念，也讓創易文化的簡易新思維可以取代複雜舊思維。

期望未來在施教授本書，讓我們整體的教育新觀念得到蛻變，也讓企業與青年獲得更多智慧與生命力。

本書從第一章到第八章，用了很多的篇幅，「行百里路半九十」，最後總得做一個結語：

終生創易學習，終生創新創業
第一章：新時代，新動力（從創新的動機開始）
第二章：「教育的蛻變」從哪裡開始？（從每個人最擅長的領域開始）
第三章：不能完全依賴經驗（必須有創新的想法和對於知識和智慧的理解）
第四章：新時代的創新活動（讓孩子開始行動，累積有價值的成果）
第五章：親朋好友、有志一同（懂得反省和檢討者，最喜歡和別人一起學習）
第六章：指指點點的教育（要懂得通變，便於發揮指點的教育價值）
第七章：驕者必敗（不能只知顯耀自己豐富的經驗）
第八章：更上一層樓（任何事物的精緻總是終而復始，不斷的反省、檢討和精進）

從過去、現在到未來，人類的資訊和通訊技術不斷的進步，隨著這些科技的進步，人類的思想也必須不斷的反省和檢討。人類思想的反省和檢討，可以依賴科技建構機制，安排有效的 SOP 而更精進。

談學習、談生活、談創業，在臺灣不能不從國教課綱切入。

談臺灣教育的蛻變，不能不提 107 學年十二年國教課綱。在實務上，教育目標綁課程，課程綁課綱，課綱綁課本，課本綁老師的教學，老師的教學方法和方式又綁著學生學習的內容，教育的成敗又與這一貫的串流息息相關。鬆散或沒有彈性的教學目標、課程、課綱、課本、老師的教學，不是欠缺聚焦就是硬邦邦，沒有清晰的內容或是千篇一律的內容，都不值得推動。

■ 新課綱延一年，資訊科技教學不能延！

教育部長潘文忠宣布，原訂 107 年 8 月上路的國教課綱延後一年，到 108 學年，自國小、國中及高中職一年級開始實施。

課綱延後的理由有二點，一是「對課審會專業及民主機制的尊重」非本文的重點，第二個理由「課綱配套需要時間準備與到位」是本文申論的重點。首先，附議「全國中小學校長協會理事長」翁慶才先生的高見，配套法規和具體措施要如期上路，配套措施愈清楚愈早公布，學校、家長、老師更能提早因應，本文只針對即將實施的「科技課綱」提供看法：

新課綱延一年，科技的進展不會停止，尤其是「資訊科技的教學」更不能延誤。

對照另一篇「12 年國教，國中生必修資訊課」的報導內容，本文下筆時並不悲觀，只是申論，從現在開始，體制外應該配合 107 年「科技課綱」，再深入「資訊科技」的教學如何在臺灣真正的生根發芽。

重點有三：

1. 呼籲企業及社會團體，從今天開始，在體制外，配合課綱，提前配套的準備工作。

2. 更呼籲教育部等主管單位，要充分了解，「資訊科技教學」的深入，如果沒有體制外資訊企業的協助，必將流於形式。

3. 教育單位和資訊企業，一定要充分理解，「資訊科技教育」不是單純的「資訊科技」也不是單純的「教育」，是跨領域的知識和技能的教學。設備的投入，教學方法的提升，教材教案的準備，都不能掉以輕心。

■ 「十二年國教資訊科技教學」準備好了嗎？

「12 年國教，國中生必修資訊課」一文重點的指出：「獨立成科技領域課，要學程式設計及演算法，教育部 4 年投入 21 億」。

振奮人心的報導，程式設計和演算法，受到教育界的重視，教育部願意 4 年投入 21 億，表示政府的決心。全國國民應該給予關心，教育界要積極的參與，科技教育界要實際的投入心力，資訊科技界更應該出錢出力，提升其成果。

這個報導具體的指出，「未來不只高中生，國中生也必須修資訊科技，要學演算法，增加競爭力。」目標很明確，為了國家的競爭力，大家樂於共同投入心力。

教育部次長林騰蛟和師藝司司長張明文共同表示：

隨著科技快速發展，科技素養已成為現代人國民基本能力。包括英、

美、紐、澳等先進國家的中小學課程。都已把科技列為獨立領域，教育部因此把科技獨立列課綱，培養「做、用、想」的科技素養。不只中小學，連許多大學文史科學為增加學生就業競爭力，早已開設程式設計等課程。張司長更表示，未來生活科技與資訊科技還要學習機械整合、機械與結構、控制能力等。

很高興，教育部的高層主管明白表示將程式設計及及演算法當為跨系科整合的專題課程。對於跨領域知能的整合，真正具體的跨出一大步。教育部高層主管的睿智和決心我們佩服。

但是我們擔心，科技課綱的理念、課程目標、核心素養等如何和真正「科技界」的現況融為一體，我們和科技界的朋友很關心，也樂意投入幫忙。我們願意貢獻我們既有的知能和經驗，幫助中小學相關科目的老師。

對於科技的「學習表現」、「學習內容」等，我們要從企業的角度，幫助老師對於工程和工程設計等的基本知能有深入淺出的理解；引導老師，對於科技產業的現況及新興發展趨勢有清晰的認知。

個人長期跨越在科技教育和科技企業界。鼓勵科技界退休的的企業家從體制外幫助臺灣「資訊科技教育」的發展。「科丁（Coding）聯盟」是其中積極投入的一個組織。

在科丁聯盟協會的目標上，將未來需要的程式設計老師分成兩類：
1. 科丁（Coding）老師。
2. 科丁（Coding）教練。

我們不稱程式設計（programming）老師或教練，而稱科丁老師和科丁教練，重視程式設計中，Code 的元素價值及其 ing 的過程及其邏輯推論和演算法則。

科丁老師是體制內的老師，必須具備老師的教育背景基礎和教育學分。科丁教練是體制外的程式設計老師，重在課外學藝活動的能力。

從國家整體科技素養的提升，以及最有效益的途徑而言，是以國教課綱中的科技素養當主軸，最有機會匯通在一起。

從這個角度出發，不管是科丁教師或科丁教練皆可將課綱中的科技素養，當為共同的教學目標：

1. 自主行動。
2. 溝通互動。
3. 社會參與。

再進一步申論：「十二年國教課綱」理性的分析，不該雞蛋裡挑骨頭。

1. 課程發展本於全人教育的精神，以「自動」、「互助」及「共好」為理念。
2. 強調學生是自發主動的學習者，學校教育應該增加學生的學習動機與熱情，引導學生開放和自評，和他人與自然的互動能力，謀求彼此的互惠和共好。

課綱在這樣的理念和課程目標下，科技領域中的生活科技和資訊科技是無法截然一分為二。本文雖然把焦點放在「資訊和網路技術」上，但必須全面兼顧「資訊科技」的發展環境，重視自然環境的發展。也不能忽略

資訊與通訊技術的發展，仍然和自然語言，及歷史發展中的人造語言息息相關。「資訊與通訊科技」是隨著人類的歷史而變動，隨著文化的因素而進展。

十二年國教課綱的課程目標，應該在這樣的認知下申論：

1. 啟發生命的潛能：必須和自然環境、人類歷史的演化、文化的進展結為一體。

2. 陶養生活知能：就得直接與傳統和進化中的生活科技和資訊科技結為一體。資訊科技帶來創新，傳統文化帶來永續的承傳。

3. 促進生涯的發展：幼兒、國小、國中、高中職、大專院校及職場知能是一條龍的生涯發展。

4. 涵養公民責任：科技領域是全人教育的一部分，亦為涵養公民責任的一環，有參與社會進化的責任，必須和現代社會融為一體。

本書從「資訊與通訊科技」出發，重點則在教育，必須以十二年國教課綱中「生活和資訊科技」的內涵為核心，我們有使命感的幫忙分析、申論並給予內容的落實。下列的重點是我們的導引：

一、科技領域之中課程目標在協助學生：

1. 習得科技的基本知識與技能並培養正確的觀念、態度及工作習慣。

2. 善用科技知能以進行創造、設計、批判、邏輯、運算等思考。

3. 整合理論與實務以解決問題和滿足需求。

4. 理解科技產業與職業及其未來發展趨勢。

5. 啟發科技研究與發展的興趣，進而從事相關生涯試探與準備。

6. 了解科技及其對個人、社會、環境與文化的互動與影響。

二、核心素養：依循《總綱》各教育階段核心素養

A. 自主行動

1. 身心素質與自我精進：具備身心健全發展的素質，擁有合宜的人性觀與自我觀，同時透過選擇、分析與運用新知，有效規畫生涯發展，探尋生命意義，並不斷自我精進，追求至善。

2. 系統思考與解決問題：具備問題理解、思辨分析、推理批判的系統思考與後設思考素養，並能行動與反思，以有效處理及解決生活、生命問題。

3. 規畫執行與創新應變：具備規畫及執行計畫的能力，並試探與發展多元專業知能、充實生活經驗，發揮創新精神，以因應社會變遷、增進個人的彈性適應力。

B. 溝通互動

1. 符號運用與溝通表達：具備理解及使用語言、文字、數理、肢體及藝術等各種符號進行表達、溝通及互動，並能了解與同理他人，應用在日常生活及工作上。

2. 科技資訊與媒體素養：具備善用科技、資訊與各類媒體之能力，培養相關倫理及媒體識讀的素養，俾能分析、思辨、批判人與科技、資訊及媒體之關係。

3. 藝術涵養與美感素養：具備藝術感知、創作與鑑賞能力，體會藝術文化之美，透過生活美學的省思，豐富美感體驗，培養對美善的人事物，進行賞析、建構與分享的態度與能力。

C. 社會參與

1. 道德實踐與公民意識：具備道德實踐的素養，從個人小我到社會

公民，循序漸進，養成社會責任感及公民意識，主動關注公共議題並積極參與社會活動，關懷自然生態與人類永續發展，而展現知善、樂善與行善的品德。

2. 人際關係與團隊合作：具備友善的人際情懷及與他人建立良好的互動關係，並發展與人溝通協調、包容異己、社會參與及服務等團隊合作的素養。

3. 多元文化與國際理解：具備自我文化認同的信念，並尊重與欣賞多元文化，積極關心全球議題及國際情勢，且能順應時代脈動與社會需要，發展國際理解、多元文化價值觀與世界和平的胸懷。

實際上，從文化歷史的觀點而論，「資訊和通訊科技（Information and Communication Technologies ,ICTs）的快速發展，離不開符號的認知，推論和演化。當然，和「語言符號」脫離不了關係。對於自然語言和人造語言我們必須特別關注。

人類善於把感應到的信息，將其中的關鍵信號變成自己已知或擅長的符號（symbol）。實際上，稱它為符號，不如叫它做符碼（code）。符號常常受到約束，符碼（code）更有運用的空間。

人類常常運用符號常識性的認知解決問題。但是，面對大量的信息湧進時，因符號的限制，難予系統化的認知而退縮了。

自古以來，有智慧的達人將符號（symbol）符碼化（code）而能有系統的解決大量資訊的問題。

本文著重在 Code 的運用價值。

在華人文化中，有兩儀、四象、八卦、六十四卦等卦爻符號，與其稱為符號，不如持續的叫做符碼（Code）。把《易經》當為卜卦算命的一本書，不如從文化和程式設計的合體立場上，提升其價值，當為「人工智慧」符碼推論和運用的入門教材，和電腦合流，讓量化和質化的推論合為一體。

用現在「人工智慧」的認知來說，至少可以申論出下列一些特質。在申論卦爻符碼時，我們有必要先從「人工智慧」的觀點，補充十二年國教課綱之所以有必要將「科技」另成一領域之理由：

1. 大家已有共識，知識就是力量，而且是人工智慧的主要元素，是智慧機器的引擎。

2. 世界先進國家已充分理解，智慧機器可以學習、聯想、推理、做決定，還會有人類智能範圍內的行為方式。

3. 世界先進國家重視系統（system）化的人工智慧，認為它能為國家製造財富，而財富的成長，可為國家帶來政治安定的新財富。

4. 先進國家的經驗，提醒我們，要從教育的角度急起直追，要相信正確的課綱及其不打折扣的落實，能培養國人從孩提時代，就有什麼是「人工智慧」的初步概念。

5. 從教育角度而言，和資訊與通訊科技構成的心智網路藉由知識庫系統（knowledge base system）及推論程式（reasoning programs）能幫助下一代，不但從書本及老師的教導中獲取智能，更能在 Coding 中獲得經驗，在嘗試錯誤中抓住問題的頭緒，學會節省時間和精力，這就是很寶貴的自我啟發（heuristics）學習價值。

6. 在課綱科技領域中，學生逐漸懂得「通變」的意義，將所有可能的「變化」不遺漏的羅列出來，並能有系統的運用「指點」的方法，有智慧的抉擇，活用既有的智能，解決不同情境下的問題。「指指點點」的教育價值才有發揮的機會和空間。

人機互動的哲學高度！

今天「資訊和通訊科技」的快速進展，「人機互動的哲學高度」功不可沒。單從人（human）或機器（machine）的角度出發是千千萬萬不同數碼（Code）的組合。

從哲學的高度而論，可將無數 Code 的「變易」化簡為有規律的「簡易」，進一步找到其中「不易」的法則。《易經》的「變易、簡易、不易」精髓是很特別的導引。

人機互動哲學高度的詮釋案例！

從《易經》的哲學高度而言：
太極生兩儀，兩儀生四象，四象生八卦。

1. 人機互動是太極。
2. 兩儀是人（human），機器（machine）。
3. 四象是人人（H，H），人機（H，M），機人（M，H），機機（M，M）。
4. H 的 Code 當為 1，M 的 Code 當為 0，四象的人機互動 Code 是：11，10，01，00。

5. 同理，八卦的人機互動 Code 是：111，110，101，100，011，010，001，000。

6. 六十四卦的人機互動 Code 可依此類推。

《易經》智慧中的卦爻符號，在資訊和通訊科技的課綱領域中有其正面有效的價值，值得我們鄭重提出，讓賢明的教育主管、老師和家長參考：

1. 很幸運，中華文化《易經》中的卦爻符碼在 Coding 中有直接的教學價值，科技創新，文化久遠，更能發揮人工智慧推衍時的 Code 特質。

2. 世界上很多有智慧高度的工作價值，都是依賴推理而來，推理的基礎不限於書本中學習而來的知識，還可從經驗中獲取，特別需要自我啟發的方法，《易經》中卦爻的推論是很有價值的 heuristic 案例。

3. 有運用價值的人工智慧，有賴其內部的 Coding 和 programming 的知識庫和推論系統。

4. 一個能具有智慧行為的 Coding 及 programming，必須具有「知識庫系統」及推論程式，《易經》具有現成的案例，可以引用。

我們將「創易文化」和「Coding 教學」融為一體，在本書中，只是野人獻曝，拋磚引玉之舉。

「教育的蛻變」需要遠見（foresight），也需要洞見（insight）。

《時代雜誌》（Times）「1982 年風雲人物」不是一個人，是電腦。35 年過去了，當時電腦人工智慧剛萌芽，人類就已看到電腦滲入人們的

工作、娛樂等不同的生活領域。

電腦加上通訊科技快速的進步，從事電腦通訊科技的人口增加很多，最讓我們關心的是，對於一般人而言，是生活的素養，平素的修養能力。電腦從「資訊處理」進化到「知識處理」，資訊的量變，蛻變到知識的質變。人工智慧從實驗室中走出來，開始在人類事物中占有很重要的地位。

十二年國教課綱已經強調 ICTs 的重要。老師們能不關心大數據分析、物聯網等技術來勢洶洶嗎？課綱中特別列出科技領域，強調「做、用、想」，從空間而言，不能只關心 STEM 或 STEAM，必須將日常生活智慧化和虛擬化，更必須人文社會的科目。

就時間而言，從過去、現在到未來，不能不關心歷史和文化。教育的蛻變是全面的，實現過程一定是跨領域的。

Commencement!

真正結束本書時，依照慣例，我們喜歡用「Commencement」當結語。

其實，本書的主題是 21 世紀以後的學習方法。21 世紀變得很不一樣，資訊、通訊、網路，和以前變得大不一樣。本書希望透過 Coding 讓下一代學習「學習的方法」。

未來的社會和文化在本質上不但是個人化又兼全球性。只要有機會，孩子無不喜愛手機和電腦。Coding 是孩子學習呈現的多元化窗口，21 世

紀的老師和家長不是「教」的工作，重在「指指點點」。

本書將 Coding 和「創易文化」合流是必然的必然的必然。科技的創新並非完全是突變，是演化的過程：緩慢的改變，累積某一個數量後，量變變成質變，突然劇烈的改變，然後又是緩慢的變化。科技和文化並非毫不相干的兩碼子事。真正的突變來自科技和文化合體引發的蛻變。

在既有的文化和科技上，開創嶄新的學習方法！

《易經》的二進位智慧，已經受考驗幾千年，十七世紀萊布尼茲的二進位數學是今日電腦、資訊、通訊等科技能夠快速發展的主要因素。本文並非要誇耀古代賢哲如何偉大，只是在提醒大家，在推動 Coding 的教育過程中，談文化，論教育，學習「學習的方法」不應該把科技教育視為「革命行為」，不需要動不動就搬出「教改」的大帽子。

今天談 Coding 教育的推動，申論 Coding 教育的「學習方法」有必要順著歷史的軌跡前進，關心的不是其中的突變，重點是其中蛻變的關鍵。我們必須在既有的文化上，開創嶄新的「學習方法」。

陽爻和陰爻，0 和 1，代表的是一種生活方式，生活態度。在數位（字）時代的生活中，更是提醒我們，在廣大浩瀚的宇宙中，二進位數位化的生存方式，使每個人變得更容易和不斷創新的科技接近。

融入「創易文化」後，更容易簡化每一時刻的生活和工作方式，使我們在科技創新的生活中，隨時隨地都可以有一番新氣象。

Coding 教育的推動，就在證實這種生活方式的價值，Coding 教育過程中的許多案例，證明 Coding 對於現代的科技生活有實質的助益，這就是我們推動 Coding 教育時，最需要學習的「學習方法」。

大家當然不會忽視，21 世紀由於電腦、資訊及通訊科技的發達，資料、資訊與知識數量的激增，人類更需要智慧的深入。

人類的思維能力由簡單邁向複雜，由低而少的層次向高而深的層次發展，要解決此問題，反而要「學習」如何回歸到最原始、最簡單的問題上。

把這類原始問題想透、想通，許多深層的思維問題反而迎刃而解。所以我在「學習學習的方法」的主軸中，不斷的申論兩組概念的十二字真言：

1.「變通，通變，會通」六個字。
2.「變易，簡易，不易」六個字。

關心科技的發展軌跡，不難發現到其教育發展的軌跡。早年電視機的發明和使用並未和孩子的科技教育產生多少關聯，因為動作單純。錄放影機的發明和使用可就不一樣，許多父母對於錄放影機的操作來自於孩子的教導。新科技帶來新的認知，形成新的生活方式。科技帶來的「代溝」已經不只是一個抽象的名詞和概念，是看得見的事實。

科技不斷的進步，現代的父母依舊忙著適應自己工作上的變化，從來沒有從根源去掌握這些變化和孩子學習的變化是那麼的相關。在此數位時代，電腦、資訊、通訊集生活、工作、娛樂、通訊、教育、學習等功能於

一身。不單單是老師，家長，哪一個大人和這些不相關？

早年的電腦，孩子喜愛的並非硬體，大人需要的也不是硬體，我們的教育硬是把所有的主軸放在硬體的學習。從錄放影機開始，孩子學習錄放影機的設定、不過是想舒舒服服的觀賞影片，並非其硬體設備。

1980 年代個人電腦盛行時，家長和孩子一起學習。不可諱言，和孩子相比較是遲鈍的，我們還能硬拗的用我們大人的學習方法去教孩子學習嗎？父母，老師是否該懂得敞開心胸，接納新事物，讓孩子探索新事物？

今天的 Coding 教育如出一轍，並非突變，是另一項科技自然的蛻變，學習方法又有不一樣的小改變。我們必須在既有的社會、文化和科技上，開創另一項嶄新的學習方法，但絕非和過去毫不相干。

對於今天的 Coding 教育，傾向形而上學思考的老師和家長，不需要擔心孩子沈迷於虛擬事物的虛擬世界中。因為 Coding 的學習，他們將了解真實世界和虛擬世界的差異，知道其中的不同，孩子和早年純粹使用電腦軟體的年代不一樣，孩子以程式來設定電腦，而不是完全受電腦設定。

傾向於實際思考的父母，也不必擔心孩子習慣於完全受電腦支配，只從電腦的安排中理解世界表面的意義，他們把電腦語言當做創作的工具，把日常生活看到、聽到，課堂上學到的東西當素材，創造出自己想像的事物。他們將是以創造方式來使用電腦的人，他們的智力活動是一方面摸索，一方面創造。

倒是我想再請教家長、老師及掌管教育大旗的官員們，你們自己的興趣廣泛嗎？你們自己用電腦時多元嗎？正確的 Coding 學習方法如果能帶入學習文化中，已經好的事物會更好，否則本來不好的事物會更加惡化。

機器人走八卦比賽規則

一、機器人的規定

1. 機器人必須由其本身的程式自行控制行走，不得以遙控、電線或其他有形物體直接接觸控制。

2. 機器人（請參考［圖一］）的長與寬均不得超過 20 公分，重量和高度不限制。

3. 機器人不得裝設或使用會損害或污染競賽場地的裝置。

4. 機器人必須以電池作為電源，不得由外部的電源線供應電源。

5. 機器人必須具備「明顯」的顯示裝置，能夠將競賽場地上的八卦卦象，透過顯示裝置顯示出來，如［圖二］所示。此處所謂「明顯」的顯示裝置，是指顯示器上實際可顯示的八卦卦象的長與寬都必須大於 3 公分，不能符合此項標準的機器人仍可參賽，但在顯示八卦卦象這一部分不予計分。

［圖一］機器人走八卦比賽參考作品

長與寬>3cm

［圖二］八卦卦象顯示於機器人上的範例
（所顯示的圖案的長與寬都須大於 3 x 3 cm）

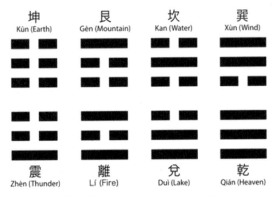

(圖片來源: Wikipedia, the free encyclopedia)

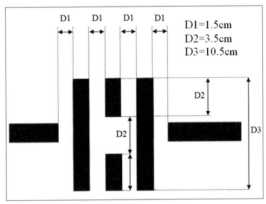

(單一卦象尺寸圖)

二、比賽場地

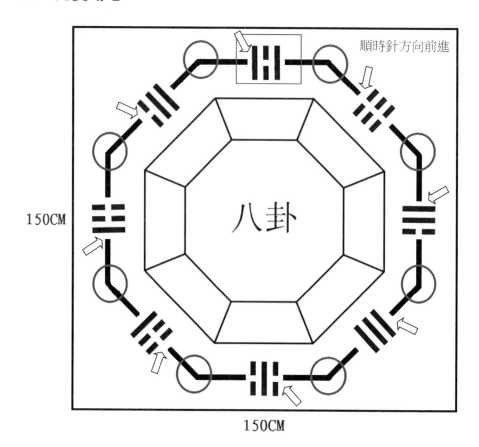

〔圖三〕機器人走八卦比賽場地圖
☆未標示的尺寸以比賽當天場地上的配置為準。

1. 比賽場地如〔圖三〕所示，比賽場地為長 150 公分與寬 150 公分
   的正方形區域。底面為白色噴漆的木板、帆布或大圖輸出的海報
   紙，可能有某種程度不平坦，參加比賽的機器人必須克服此條件。

2. 正方形競賽場地內的黑色自走線及八卦卦象，都由一般市售的電
   工膠帶（寬約 2 公分）所黏貼或是大圖輸出所構成。

3. 黑色自走線與八卦卦象間的黑白相對距離，可能因場地製作過程

而產生些許誤差，參加比賽的機器人必須能克服此誤差條件。

4. 〔圖三〕所示比賽場地上的八個卦象順序，不是比賽時的排列順序，比賽時八個卦象的排列順序會隨機放置。

5. 比賽場地上除黑色自走線外，共有八個卦象以及八個轉彎處（如紅色圓圈所示）。

6. 本規則對場地所描述或註記的尺寸及顏色均為概略值，存在一定的誤差，實際尺寸及顏色以比賽現場的為準。

三、比賽規則

1. 每隊限一個機器人、一名操控手下場比賽。

2. 參加隊伍於比賽前由各隊操控手抽籤決定出賽次序。

3. 比賽開始前，所有參賽的機器人均須置放於大會指定的區域，輪到下場比賽的隊伍，操控手須在裁判示意下拿取自己的機器人下場比賽。

4. 比賽開始前，由操控手從八個卦象中抽籤選出一個卦象作為「起始卦象」，操控手須將機器人放置於起始卦象後方的黑色自走線上，且機器人的最前端不得超過起始卦象與黑色自走線之間的白色間隔，如〔圖三〕中白色箭頭的箭矢處。

5. 操控手放置好機器人且待裁判確認無誤後，靜待裁判以哨音發出比賽開始的號令，然後啟動機器人向前行走。

6. 機器人於比賽時間內以順時針方向在黑色自走線上前進，當經過卦象時開始辨識卦象，並須於整體機身通過轉彎處前，將所辨識的卦象顯示於機器人上的顯示裝置，顯示裝置並須維持該卦象直到偵測到下一個卦象為止。

7. 機器人走八卦的終點為起始卦象，即機器人走完一圈經過 8 個不

同的卦象後，再次回到起始卦象，此時機器人須全體機身通過起始卦象後在轉彎處前立即停止，並顯示起始卦象。行走時間計算至機器人全體機身通過起始卦象時為止。

8. 在行進過程中，如機器人的整體完全離開黑色自走線或任一卦象、原地不動或打轉超過 5 秒或逆時針方向行走，均視為「出界」，則比賽結束，並以該位置及行走時間計算比賽成績。

9. 比賽成績的計算：

9-1 機器人每次顯示正確的卦象（包含第二次通過起始卦象），得 5 分。

9-2 機器人未顯示卦象、未於自走線轉彎處前顯示正確的卦象、未持續顯示卦象或顯示錯誤都不予計分。

9-3 機器人所顯示的卦象，必須清晰且易於辨識，可參考〔圖三〕的範例。如機器人所顯示的卦象不清晰（對比太弱或太暗）、卦象不完整，卦象上下顛倒，都視為顯示錯誤，則該次顯示不予計分。

9-4 機器人開機後且未通過任何卦象時，機器人的顯示裝置不得顯示任何卦象，違者扣 5 分（機器人的得分可為負分）。

9-5 機器人第二次走過起始卦象後，未能在起始卦象後的第一個轉彎處前停止者，扣 5 分。

10. 比賽名次的排序：

10-1 於比賽時間內走完全程（即能夠第二次通過起始卦象）者，先以分數最高者開始排列名次，如遇相同分數者，則以機器人走完全程所耗費的時間為計算標準，時間越短者排名越前。

10-2 未走完全程者（含比賽時間終了未達起始卦象及半途出界等），先以得分最高者開始排列名次。如遇分數相同者，則

以機器人行走距離為計算標準，行走距離越遠者排名越前。

10-3 未走完全程者，如遇行走距離相同時，以該機器人到達該位置所耗費的時間為計算標準，時間越短者排名越前。

11. 每一機器人的比賽時間為 3 分鐘。

12. 每場比賽開始後，不得再對機器人所有的組件進行調整或置換（含程式、電池及電路板等），亦不得要求暫停。

13. 比賽場所的照明、溫度、濕度……者等，均為普通的環境程度，參賽隊伍不得要求作任何改變。

14. 本規則未提及事宜，由裁判在現場根據實際情況裁定。

四、獎勵

獲得排列名次及佳作的隊伍依本大賽辦法發給指導老師及選手獎狀。

教育的蛻變　卦爻符號（Code）在程式設計（Coding）上的運用

作　　　者／創易客
美 術 編 輯／孤獨船長工作室
責 任 編 輯／許典春
企畫選書人／賈俊國

總　編　輯／賈俊國
副 總 編 輯／蘇士尹
資 深 主 編／吳岱珍
編　　　輯／高懿萩
行 銷 企 畫／張莉滎・廖可筠・蕭羽猜

發　行　人／何飛鵬
出　　　版／布克文化出版事業部
　　　　　　臺北市中山區民生東路二段 141 號 8 樓
　　　　　　電話：(02)2500-7008 傳真：(02)2502-7676
　　　　　　Email：sbooker.service@cite.com.tw
發　　　行／英屬蓋曼群島商家庭傳媒股份有限公司城邦分公司
　　　　　　臺北市中山區民生東路二段 141 號 2 樓
　　　　　　書虫客服服務專線：(02)2500-7718；2500-7719
　　　　　　24 小時傳真專線：(02)2500-1990；2500-1991
　　　　　　劃撥帳號：19863813；戶名：書虫股份有限公司
　　　　　　讀者服務信箱：service@readingclub.com.tw
香港發行所／城邦（香港）出版集團有限公司
　　　　　　香港灣仔駱克道 193 號東超商業中心 1 樓
　　　　　　電話：+852-2508-6231 傳真：+852-2578-9337
　　　　　　Email：hkcite@biznetvigator.com
馬新發行所／城邦（馬新）出版集團 Cité (M) Sdn. Bhd.
　　　　　　41, Jalan Radin Anum, Bandar Baru Sri Petaling,
　　　　　　57 Kuala Lumpur, Malaysia
　　　　　　電話：+603- 9057-8822 傳真：+603- 9057-6622
　　　　　　Email：cite@cite.com.my
印　　　刷／韋懋實業有限公司
初　　　版／2017 年（民 106）08 月
售　　　價／480 元
Ｉ Ｓ Ｂ Ｎ／978-986-94994-7-7

城邦讀書花園
www.cite.com.tw
布克文化
WWW.SBOOKER.COM.TW